Das Istanbul-Kochbuch

Für Amalia, Gabriele und Lynne

7. Auflage 2018
© 2010 Verlagshaus Jacoby & Stuart, Berlin
Alle Rechte vorbehalten
Gestaltung, Satz und Litho:
up designers berlin-wien / Walter Lendl
Gesetzt aus der Avenir
Druck und Bindung: Polygraf Print
Printed in Slovakia

ISBN 978-3-941787-10-0
www.jacobystuart.de

Gabi Kopp

Das Istanbul Kochbuch

Bilder · Geschichten · Rezepte

Verlagshaus Jacoby & Stuart

Menü

Türkeikarte 10

Von Ohrläppchen und
Mäusezähnen 12

Ayla Helvacıoğlu 16

SelSon Salatası 17
SelSon-Salat

Karnıyarık 17
Gefüllte Auberginen

Aşotlu Buğday Çorbası 18
Weizensuppe

Arpa Şehriye Pilavı 19
Pilaw aus Nudeln

Metfune 19
»Ratatouille« aus Siirt

Satu Önder 22

Yaprak Sarması 23
Gefüllte Weinblätter aus der Gegend
von Samsun

Mercimek Köftesi 24
Rote Linsenköfte aus Diyarbakır

Keşkek 25
Weizen und Kichererbsen
mit Rindfleisch

Çerkez Tavuğu 25
Tscherkessisches Huhn

İncir Uyuşturması 26
Einschläfernde Feigen

İncir Dolması 26
Gefüllte Feigen

Gül Böreği 27
Rosenbörek

Nurten Canbeyoğlu 30

Dövmeli Haydari 31
Joghurt mit Weizen

Babaganuç 31
Auberginenpaste

Humus 32
Kichererbsenpaste

Fava 32
Bohnenpaste

Nuar 33
Lammkeule mit Nelkenpfeffer

Zerde 33
Reisdessert aus Mardin

Zeytinyağlı Dolmalar 34
Gefülltes Gemüse

Musa Dağdeviren 38

**Tırnaklı Pide oder
Ramazan Pide** 39
Fladenbrot

Vişneli Köfte 40
Köfte in Sauerkirschsauce

Demir Tatlısı 41
Gebäck aus dem Eisen

Kabak Tatlısı 41
Kandierter Kürbis

Nihal Sümerbas 44

Zeytinyağlı Enginar 45
Gefüllte Artischockenböden

Haydari 45
Joghurt mit Kräutern

Sebzeli Levrek 46
Seebarsch oder Dorade
mit Gemüsefüllung

Izmir Köftesi 47
Köfte nach Izmir-Art

Deniz und Adnan Şahin
Ali Taşdemir
Kazım Bozfırat 50

Acuka Çerkez Ezmesi 51
Tscherkessische Paprikapaste

Zahter Salatası 51
Wild- oder Feldthymiansalat

Etli Yaprak Sarması 52
Gerollte Weinblätter nach
Tokat-Art mit Bulgur

**Soğan Kebab
aus Gaziantep** 53
Geschmorte Zwiebeln mit
Hackfleischbällchen

Kuş 55
»Vogel« – Gefüllte Teigtaschen

Analı Kızlı 56
Bulgurbällchen »Mutter und Tochter«

Yeşil Şifa 57
Grüne Kräuterlimonade

Gülay Özkan 60

İslim Kebabı 61
»Auberginenblumen« mit
Hackfleischbällchen

Yoğurt Çorbası 62
Joghurtsuppe

İç Pilavı 62
Pilaw mit Rind

Basma Kadayıf 63
Engelshaar mit Walnüssen

Hikmet Özdemir 66

Çiğ Köfte 67
Tartar-Köfte

Yumurtalı Köfte 68
Köfte mit Bulgur und Ei

Maş Çorbası 69
Mungbohnen mit Teigkügelchen

Cevizli Kayısı Tatlısı 69
Aprikosen mit Walnüssen

Nilüfer Sönmez 72

Zerafet 73
Gefülltes Brot mit Joghurt und Butter

Çoban Salatası 74
Hirtensalat

Kısır 74
Bulgur-Salat aus Sivas

Aşure 75
Noahs süsse Suppe

%100 Ekolojik Pazar 78

Kahvaltı Tabağı 78
Türkisches Frühstück

Kars ve Erzincan'dan Kete 79
Hefegebäck aus Kars und Erzincan

Gözleme 80
Gefüllte Teigtaschen

Lahmacun 81
Türkische Pizza

Sebahat Fettahoğlu 84
Ormanlı Çilihta 85
Krautstiel-Fischfladen

Muhlama 85
Schwarzmeerfondue

Karalahana Sarması 86
Schwarzkohlwickel

Pepeçi 87
Roter Traubenpudding

Ayva Tatlısı 87
Gefüllte Quitte

Özlem Tuna 90
Peynirli Patlıcan 91
Auberginen mit Ziegenkäse

Domates Salatası 91
Tomatensalat

Yeşil Salata 92
Grüner Salat nach Özlem

İrmik Helvası 92
Grießhelva

Zeytinyağlı Biber Dolması 93
Gefüllte Paprika aus der Ägäis

Yorgi Okumuş 96
Soslu Torik 97
Eingelegter Bonito

Acılı Ezme 97
Scharfes Tomatenpüree

Köpoğlu 97
Frittiertes Gemüse in Joghurt

Keziban Altındiş 100
Gül Baklavası 101
Rosenbaklava

Mantı 102
Gefüllte Teigtäschchen

Simone Ishaki + Beril İbrahimzade Hafize + Serpil Köseiriş 106
Sırbeli 107
Grüne Linsensuppe

Cevizli Rulo Kurabiye 107
Walnussplätzchen

Ecce 109
Ei-Hackfleischbällchen

Mehshifrancı 109
Gefüllte Auberginen

Yüksel Uz 112
Mercimekli Biber Dolması 113
Paprika mit Linsenfüllung

Velibah 114
Kartoffelbörek mit Käse

Selma Peşteli 118
Kompiraça Pita 119
Kartoffelbörek mit Rind

Sljivopita 119
Zwetschgen aus dem Ofen

Nuriye Kaya 122
Tarhana Çorbası 123
Tarhanasuppe

Yufka Böreği 123
Yufkateig-Börek

Testi Kebabı 124
Lamm und Gemüse im Tonkrug

Şekerpare 125
Nussplätzchen in Zuckersirup

Takuhi Tovmasyan 128
Kızılcık Likörü 129
Kornelkirschenlikör

Keçiboynuzu Likörü 129
Johannisbrotlikör

Petaluda 130
Schmetterlingsgebäck

Pando und Yoanna Şestakof 134
Yoğurt 135
Joghurt

Kaymak 135
Dickrahm aus gekochter Milch

Paluri Arzu Kal 138
Paponi 139
Süßer Lasenbörek

Viktorya Emanuel + Sami Bansıya 142
Ekşili Tel Şehriye Çorbası 143
Saure Vermicellisuppe

Pırasa Köftesi 143
Lauch-Fleischbällchen

Hanife Kıran 146
Güllaç 147
Reisblätter mit Walnüssen und Granatapfelkernen

Patlıcanlı Börek 148
Auberginenbörek

Aysel Altun 152
Mercimek Çorbası 153
Rote Linsensuppe

Kuru Fasulye 153
Weiße Bohnen

Kadınbudu 154
Panierte Hackfleischplätzchen

Fırında Tavuk Kanadı 154
Im Ofen gebackene Hähnchenflügel

Tavuk Etli Türlü Güveç 155
Hühnchen im Tontopf

Tavuk Göğsü 155
Milchpudding mit Huhn

Sokakta Yemek Satanlar 158
Die Straßenhändler

Glossar 164

Adressen- und Kochbuch-Verzeichnis 169

Aussprache 169

Register 170

Meer

Georgien

Armenien

Ardeşen
Çayeli
...rsamba Ordu Trabzon Rize Musadağı
...region Kars
Sarıkamış
Tokat
...ekerek Erzurum
Sivas Erzincan Ostanatolien
...ien Tunceli
Mazgirt Muş Van
Elazığ
Malatya Siirt Iran
Adıyaman Hakkâri
Diyarbakır
Maraş Südost-
Nizip anatolien Mardin
Gaziantep
Irak
Antakya
Syrien

Von Ohrläppchen und Mäusezähnen

Istanbul – Schmelztiegel der Völker und Geschichten, geschätzte 15 Millionen Menschen leben in der geschichtsträchtigen Metropole am Goldenen Horn. Hier geht die Gegenwart mit einer überreichen Kulturgeschichte einher, die Moderne trifft auf uralte Traditionen. Istanbul ist eine Stadt mit vielen Gesichtern, geprägt vom Schulterschluss zweier Kontinente. Antike und High-Tech treffen hier ebenso aufeinander wie florierender Tourismus, fieberndes Nachtleben und Armut.

In den Küchen, so sagt man, spiegelt sich der Reichtum einer Gesellschaft mit allen Facetten: geografisch, kulturell, geistig-religiös, wirtschaftlich und politisch. In Istanbul treffen ganz unterschiedliche kulinarische Traditionen aufeinander. Zum Glück dürfen sich die verschiedenen Volksgruppen inzwischen wieder zu ihren Wurzeln bekennen. Armenier, Kurden, Griechen, Lasen, Araber, Tscherkessen, Albaner, Bosnier, Makedonier, Aleviten und andere – sie alle haben ihre Rezepte in die kulinarische Landkarte eingeschrieben. Jede Region hat so im Laufe der Jahrhunderte internationales Gepäck aufgesammelt. Zudem bringen die unterschiedlichen Landesteile kulturelle und geografische Eigenheiten mit: die Ägäis frische Kräuter, Artischocken und Fische, das Schwarzmeergebiet den Mais, Schwarzkohl oder die Schwarzmeersardelle *Hamsi*. Aus Zentralanatolien kommen die *Mantı*, das sind gefüllte Teigtaschen aus Kayseri, und das *Tarhana*, das ist getrockneter Joghurt mit Gewürzen, Weizen und Gemüse, sozusagen der Urahn aller Tütensuppen. In Ostanatolien liebt man Fleisch, Joghurt, Butter, Käse und scharfe Gewürze. Aus dem arabisch beeinflussten Südostanatolien verbreitete sich zum Beispiel das würzig bestrichene Fladenbrot *Lahmacun* – die »türkische Pizza« – über die ganze Türkei.

Durch die intensiven Handelsbeziehungen der Osmanen hat die türkische Küche auch die Speisetraditionen vieler anderer Länder beeinflusst. Der ursprünglich mexikanische Truthahn fand zum Beispiel über die Türkei und Europa durch Auswanderer den Weg »zurück« nach Nordamerika – unter dem englischen Namen *Turkey*. Auch der Mais hieß noch lange Zeit in England *Turkish Wheat* und in Frankreich *Blé de Turquie*. Die Osmanen brachten den Blätterteig nach Ungarn und Wien, wo daraus der Apfelstrudel entstand. In seiner Heimat ist der papierdünne Teig die Grundlage für *Baklava* und *Börek*. Auch der Kaffee wurde von den Türken nach Europa gebracht: Das erste Kaffeehaus Englands eröffnete 1650 ein türkischer Jude namens Jakob.

Dennoch ist uns die türkische Küche heute weit weniger vertraut als manch andere Landesküche. Natürlich kennen wir einiges, was sich in den letzten Jahrzehnten auch bei uns etabliert hat wie *Kebab*, *Köfte* oder *Bulgur*, aber wir kennen dies in der großstädtischen, oft industrialisierten Form. Umso aufregender ist es, am eigenen Herd zu den Wurzeln der türkischen Küche zu reisen, mit Rezepten, die in den Familien und Dorfgemeinschaften von Generation zu Generation weitergereicht wurden. Die Rezepte wurden von Großmutter zu Mutter zu Tochter mündlich überliefert und dafür in verständliche, leicht zu erinnernde Worte gekleidet: Ein guter Teig, so heißt es zum Beispiel, solle sich wie ein Ohrläppchen anfühlen, und Zwiebelwürfel sollen die Größe von Mäusezähnen haben. Manche Küchenregel und so manches Rezept wurde auch in Vers- und Liedform gefasst, um leicht und bleibend vermittelt zu werden. Dabei führen die Intuition und die Erfahrung der Köchin die Hand – und die Neugier auf Rezeptvarianten der Freunde und Nachbarn, denn oftmals wird gemeinsam gekocht.

Bei den Köchinnen und Köchen zu Besuch sein zu dürfen, war für mich eine besondere Ehre. Ich bedankte mich mit tätiger Anteilnahme, als Beobachterin und Zeichnerin, und war mit Block und Stiften ebenso aktiv wie die Köchinnen und Köche. Und die Gastgeberinnen und Gastgeber begegneten meinen Aufzeichnungen mit lebendigem Interesse und Vergnügen. Sie schrieben ihre Namen direkt in die Bilder und signierten somit das gewissermaßen gemeinsame Werk.

Heute versuchen Initiativen, traditionelle Rezepte vor dem Vergessen zu retten. Musa Dağdeviren (s. S. 38) ist der Vorreiter unter ihnen – und auch dieses Buch soll seinen Teil dazu beitragen. Indem Rezepte weitergegeben werden, können die Traditionen lebendig bleiben, die allesamt Quellen des Wohlseins sind: *Eline Sağlık* heißt *Gesundheit deinen Händen* und ist ein traditionelles Kompliment an die gute Köchin und den guten Koch.

Ayla Helvacıoğlu

Aylas Vorfahren wanderten als Nomaden vor langer Zeit aus Saudi-Arabien in die Türkei ein. Ayla hat mit ihren Eltern und vier Geschwistern bis zu ihrem zehnten Lebensjahr in Siirt, in der Südosttürkei, gelebt. 1965 wurde ihr Vater, ein Schulrat, nach Istanbul versetzt und die Familie folgte nach. Ayla zog frisch verheiratet mit ihrem Mann für eineinhalb Jahre nach Izmir wo er seinen Militärdienst ableisten musste. Sie ist Grundschullehrerin und er Chirurg. Zurück in Istanbul arbeitet sie 33 Jahre an staatlichen und privaten Grundschulen. Ihre zwei Söhne wuchsen in den ersten Jahren größtenteils bei den Großeltern auf. Ayla, 55, ist gläubige Muslimin, sie trägt kein Kopftuch, betet aber jeden Tag die vorgeschriebenen fünf Mal und trinkt seit dem Tod ihrer Mutter keinen Alkohol mehr.
Das Kochen brachte sie sich selbst bei. Ihr Kochstil ist traditionell türkisch. Gemüse und Obst kauft sie auf dem Wochenmarkt, den Rest im Supermarkt. Ayla kocht jeden Tag, häufig auch für die ganze Großfamilie: den Mann, die Söhne und deren Ehefrauen sowie ihre Schwester und deren Familie, die alle in der Nähe wohnen. Die Familie trifft sich mindestens zwei Mal in der Woche zum gemeinsamen Abendessen bei Ayla. Sie zählt Kochen, neben Lesen, zu ihren Hobbys und verbringt mindestens zwei Stunden am Tag in der Küche. Die Küche ist ihr heilig. Nur die Schwiegertöchter dürfen ihr dort zur Hand gehen. Ihre Kochkunst wird auch von der Familie ihrer deutschen Schwiegertochter Veronika geliebt, die sie, wenn sie zu Besuch sind, regelmäßig mit Gerichten aus ihrer Küche verwöhnt. Bekannt ist sie für den *Perde Pilav*, ein aufwendiges Gericht aus ihrer Heimatstadt Siirt. Ayla selbst isst am liebsten *Dolma*. Ihr Traum wäre es, ein Restaurant mit türkischer Küche in Deutschland zu führen – zusammen mit der Mutter von Veronika.

Selson Salatası

SELSON-SALAT

8 Portionen

2 Granatäpfel
½ Zitrone
4 EL Granatapfelkonzentrat
1 rote Paprika, in feinen Streifen
2 grüne Paprika, in feinen Streifen
350 g entkernte grüne Oliven, in Scheibchen
1 Bund glatte Petersilie, fein gehackt
50 g Walnüsse, grob gehackt

erfrischend

- Zwei Granatäpfel entkernen, die Kerne mit allen weiteren Zutaten in einer Schüssel gründlich mischen und den Zitronensaft sowie das Granatapfelkonzentrat hinein rühren.

Dieser SelSon-Salat ist sehr erfrischend; er heißt nach Aylas Söhnen, Selim und Soner.

Karnıyarık

GEFÜLLTE AUBERGINEN

4 Portionen

4 lange schmale Auberginen
50 ml Sonnenblumenöl
200 g Rinderhack
2 EL Sonnenblumenöl
2 Zwiebeln, grob gehackt
2 Tomaten, gewürfelt
1 TL Rosenpaprika
1 TL schwarzer Pfeffer
1–2 TL Salz dazugeben
100 ml heißes Wasser
2 EL Tomatenpüree
½ grüne Paprikaschote, in Streifen

- Auberginen waschen, putzen, Schale streifenweise abschälen und längs einschlitzen.
- Auberginen in reichlich Öl auf allen Seiten anbraten, etwas abkühlen lassen.
- Zwiebeln mit Rinderhack kräftig anbraten, Tomatenwürfel dazugeben und würzen.
- Das Fruchtfleisch im Schlitz mit einem Löffel zur Seite schieben, die Auberginen füllen, in eine Backform legen und mit den Paprikastreifen garnieren. Heißes Wasser mit Tomatenpüree mischen und in die Form gießen.
- Im vorgeheizten Backofen bei 200 °C etwa 45 Min. backen.

Karnıyarık bedeutet Aufgeschlitzte Bäuche. Die fleischlose Variante heisst Imam Bayıldı (Der Imam fiel in Ohnmacht) und wird kalt gegessen. Die Füllung besteht aus Tomaten, Paprika, Zwiebeln, Knoblauch, Petersilie und Gewürzen.

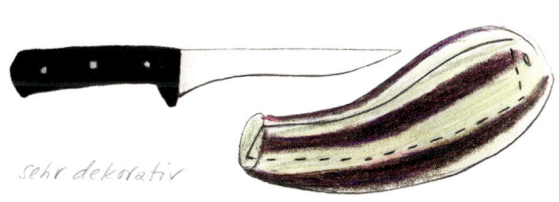

sehr dekorativ

Aşotlu Bujday Çorbası
WEIZENSUPPE

15 Portionen

320 g Weizenkörner
100–120 g Kichererbsen
1 l Wasser
2 Würfel Hühnerbouillon
500 g Rinderhack
1 große Zwiebel, sehr fein gehackt
1 TL Salz
2 kg Joghurt
1 TL Mehl
1 Eigelb
100 ml heißes Wasser
75 g Butter
1 Handvoll frische Korianderblätter, fein gehackt
1 Prise Salz
etwas Paprikaflocken (Pul Biber)

- Die Weizenkörner und die Kichererbsen separat über Nacht einweichen.
- Am nächsten Tag die Weizenkörner in 1 l des Einweichwassers mit den Bouillonwürfeln 30–40 Min. weichkochen. Ab und zu Wasser nachfüllen.
- Die Kichererbsen in frischem Wasser etwa 40 Min. weichkochen.
- Das Hackfleisch mit den Zwiebelwürfeln und dem Salz mischen und zwischen den Handflächen zu haselnussgroßen Bällchen rollen, dabei die Hände immer wieder befeuchten, dann klebt es weniger.
- Fleischbällchen und Kichererbsen in die Weizensuppe geben. Joghurt, Mehl, Eigelb und das heiße Wasser miteinander vermengen und unter Rühren zur Suppe geben, nicht wieder aufkochen lassen.
- Die Butter nussbraun braten und zur Suppe geben.
- Koriander mit einer Prise Salz zur Suppe geben und Paprikaflocken (Pul Biber) als Dekoration darüberstreuen.

Die Suppe wurde im letzten Unabhängigkeitskrieg oft gekocht. Sie ist sehr proteinreich und sättigend. Heute wird sie häufig an Hochzeiten serviert. Sie wird im Winter heiß und im Sommer kalt gegessen. Wenn etwas übrig bleibt, gießt man am nächsten Tag Ayran (mit Wasser verdünnter Naturjoghurt) dazu und kocht die Suppe nochmal auf.

für kalte Tage

Arpa Şehriye Pilavı
PILAW AUS NUDELN

6 Portionen

1 Zwiebel, fein gehackt
500 g Arpa Şehriye (sg. griechische Nudeln, reisförmig)
2 EL Sonnenblumenöl
1 rote Paprika, fein gewürfelt
4 hellgrüne milde Paprika (Carliston), fein gewürfelt
2 Würfel Hühnerbouillon
500 ml Wasser
1 Prise Pfeffer

- Die Zwiebel mit den Nudeln etwa 10 Min. in Öl rösten bis die Teigwaren eine tiefbraune Farbe angenommen haben.
- Paprikawürfel dazugeben. Die Bouillonwürfel in ½ l kochendem Wasser auflösen und dazu gießen.
- Bedeckt auf niedriger Flamme mind. 10 Min. weiterkochen bis die Nudeln bissfest sind und das Wasser absorbiert ist.
- Vom Feuer nehmen, ein Küchenhandtuch zwischen Topf und Deckel legen und 10–20 Min. ziehen lassen, um auch den letzten Rest Feuchtigkeit aus den Nudeln zu ziehen, damit das Gericht luftig und locker wird.

Dazu passt der Hirtensalat von S. 74.

Metfune
»RATATOUILLE« AUS SIIRT

6 Portionen

4 Auberginen
1 große Zwiebel, grob gewürfelt
6 hellgrüne milde Paprika (Carliston), grob gewürfelt
4 Tomaten, geschält
1 TL scharfe Paprikapaste
1 Prise schwarzer Pfeffer
100 ml Hühnerbouillon oder ½ kg Lammragout, klein gewürfelt und 100 ml heißes Wasser
2 EL Haselnuss- oder Sonnenblumenöl
Salz
Sumak oder Saft einer 1/4 Zitrone

- Die spitzen Blattspitzen der Auberginen wegschneiden und den Stiel stehen lassen. Die Schale in Streifen abschälen und die Auberginen in grobe Würfel schneiden. Das Stielstück verwenden – es gibt einen besseren Geschmack.
- Die Auberginen 2 Min. in Salzwasser einweichen um Bitterstoffe zu entziehen.
- 2 Tomaten würfeln und mit den Paprika- und Zwiebelstücken in einen Topf geben. Zusammen mit der Paprikapaste und dem Pfeffer mit der Hand gut durchkneten.
- 2 Tomaten in Scheiben und 2 Paprika in 4–6 Stücke schneiden. Mit den Auberginenstücken abwechselnd über das geknetete Gemüse in den Topf schichten.
- Die Hühnerbrühe angießen oder das Lammragout anbraten und 100 ml heißes Wasser dazugeben, ebenso das Öl und Salz.
- Bei geschlossenem Deckel auf kleiner Flamme mind. 45 Min. kochen. Die Auberginen- und Fleischstücke sollen weich sein.
- Zum Schluss mit Sumak oder Zitronensaft abschmecken.

Satu Önder

Satu kommt aus der Provinz Samsun an der Schwarzmeerküste. Sie ist 38 und seit ihrem 15. Lebensjahr mit Mustafa verheiratet. Die Familie zog nach Istanbul, um ihren drei Töchtern eine gute Ausbildung zu ermöglichen. Sie wohnt in Beyoğlu über einer kleinen Moschee, in der Mustafa als Imam tätig ist. Fünfmal am Tag ruft er als Muezzin zum Gebet. Die Tochter Fatima ist 20 Jahre und wird sich zur Mathematiklehrerin ausbilden lassen. Heiraten will sie schon, wenn sie den richtigen Mann findet, aber sie möchte auch in ihrem Beruf weiterarbeiten. Satu hat zuhause kochen gelernt. Dann arbeitete sie in einem Kaffeehaus am Tünelplatz als Köchin und erwarb dort ihre Kenntnisse in der internationalen Küche. Heute kocht sie im *Manzara Istanbul* für ein internationales Publikum.

Satu ist gerne kreativ und wandelt ihre Rezepte auch ab. Die gefüllten Weinblätter, das *Keşkek* und das Feigendessert sind Gerichte von Satus Hochzeitsmahl. Zu ihrer Hochzeit wurden 1000(!) Gäste bewirtet. Jedes Jahr bringt Satu 150 kg Reis von Samsun nach Istanbul. Den Reis *Osmancık Pirinci* bezieht sie über ihre Verwandten, die Reisbauern in Adapazarı sind. Das Feigendessert, ein altes traditionelles Rezept, wurde von der Großmutter an die Mutter und dann an sie weitergegeben. Das *Tscherkessische* Huhn hat sie im Kaffeehaus kennengelernt.

In ihrer Freizeit geht sie am liebsten mit ihren Schwestern und der Familie im Park picknicken.

Yaprak Sarması

GEFÜLLTE WEINBLÄTTER AUS DER GEGEND VON SAMSUN

35 Stück

40–50 frische oder eingelegte Weinblätter
240 g Reis
½ Bund glatte Petersilie, gehackt
½ Bund Dill, gehackt
1 TL Paprikaflocken (Pul Biber), mittelscharf
1 TL gemahlener Kreuzkümmel
1 Prise schwarzer Pfeffer
1 TL getrockneter Oregano, zerrieben
3 TL getrocknete Minze, zerrieben
3 kleine Zwiebeln, gerieben
½ EL Tomatenmark
Salz
2 EL Olivenöl
1 Zitrone

- Die frischen Weinblätter in Salzwasser kurz blanchieren, abgießen und zur Seite stellen.
- Die eingelegten Weinblätter mehrmals wässern, damit das Salz gelöst wird. Schmecken die Stängel nicht mehr salzig, sind sie gut.
- Den Reis waschen und mit den Kräutern, Gewürzen, geriebenen Zwiebeln und dem Tomatenmark mischen.
- Die Weinblätter mit der Innenseite nach oben auslegen.
- Auf jedes Weinblatt 1 TL der Füllung als Streifen in die Mitte geben. Zuerst die Stielseite, dann die beiden Seiten einschlagen und das Weinblatt locker zusammenrollen.
- Die gerollten Weinblätter dicht nebeneinander in einen Topf legen, mit Salz bestreuen und etwas Öl begießen, knapp mit Wasser bedecken. Das Ganze mit einem mit Wasser gefüllten Suppenteller beschweren und 30 Min. köcheln lassen.
- Die Weinblätter auf einer Platte anrichten, mit Zitronenscheiben dekorieren und lauwarm oder kalt servieren.

klassisches Meze

Mercimek Köftesi

ROTE LINSENKÖFTE AUS DİYARBAKIR

6–12 Portionen (je nach Haupt- oder Vorspeise)

160 g rote Linsen
300 ml Wasser
½ bis 1 TL Salz
1 TL Paprikaflocken (Pul Biber), mittelscharf
1 TL Tomatenmark
1 TL Paprikamark (mild)
1 TL Thymian oder Oregano
1 TL getrockneter Basilikum, zerrieben
1 TL gemahlener Kreuzkümmel
80 g feiner Bulgur
1 mittelgroße Zwiebel, fein gehackt
2 EL Butter
2 EL kaltgepresstes Olivenöl
2 Zitronen
1 Bund glatte Petersilie, fein gehackt
½ Bund schlanke Frühlingszwiebeln
1 grüner Salat (Kıvırcık Salata ist ein Kopfsalat mit gekräuselten Blätter), gewaschen und zerpflückt

- Die Linsen unter fließendem Wasser waschen, bis das Wasser klar bleibt. In einen Topf geben, Wasser und Salz hinzufügen. Die Linsen 8–10 Min. kochen, bis sie gelb werden und das Wasser aufgesogen haben.
- Den Topf vom Herd nehmen. Bulgur hinzugeben, durchrühren und bei geschlossenem Deckel 15 Min. quellen lassen.
- Die Zwiebelwürfel in der Butter glasig dünsten. Tomaten- und Paprikamark hinzufügen und vom Herd nehmen.
- Das Grün der Frühlingszwiebeln in Röllchen schneiden und mit der Petersilie, den Zwiebeln und Gewürzen zur Linsen-Bulgurmasse geben. Mit dem Saft einer Zitrone und kaltgepresstem Olivenöl abschmecken. Ist die Masse zu trocken, etwas heißes Wasser dazugeben.
- Die Masse ein paar Minuten gut kneten und dann jeweils eine Handvoll der Masse in der Faust zu einem Kloß pressen. Die Fingerabdrücke können als Muster auf den Linsenköfte sichtbar sein.
- Auf einer Platte grüne Salatblätter auslegen und die Klößchen darauf legen.
- Eine Zitrone in Schnitze schneiden.
- Die Linsenköfte isst man von Hand in ein Salatblatt gewickelt. Man kann etwas Zitronensaft darüber träufeln. Sie passen gut auf ein Vorspeisenbuffet.

schnell gemacht

Keşkek

WEIZEN UND KICHERERBSEN MIT RINDFLEISCH

8 Portionen

500 g ganze Weizenkörner
150 g Kichererbsen
Salz
3 kleine Zwiebeln, fein gehackt
3 Tomaten, fein gewürfelt
3 hellgrüne milde Paprika (Carliston),
   in kleinen Streifen
1 kg fettarmes Rindfleisch, in 1,5 cm Würfeln
Olivenöl
1 EL Tomatenmark
1 TL Paprikaflocken (Pul Biber) mittelscharf
1 l Wasser

- Weizenkörner und Kichererbsen über Nacht einweichen.
- Am nächsten Tag zusammen weichkochen; nicht abgießen, leicht salzen und zugedeckt beiseitestellen.
- Zwiebel-, Tomaten-, Paprika- und Rindfleischstücke in etwas Öl anschmoren.
- Salz und Tomatenmark dazugeben und kurz weiterschmoren. Paprikaflocken (Pul Biber) hinzufügen und mit 1 l Wasser aufgießen.
- Bei geschlossenem Deckel etwa 60 Min. auf kleiner Flamme garkochen.
- Je eine Portion der gekochten Weizenkörner und Kichererbsen auf Teller geben und das Ragout darauf verteilen.

Keşkek ist vergleichbar mit Risotto und kann auch ohne Fleisch oder mit Huhn zubereitet werden. Keşkek wird vor allem in West- und Nordanatolien an Hochzeiten, Beerdigungen und religiösen Feiertagen gekocht und mit Ayran und Salat gegessen.

Çerkez Tavuğu

TSCHERKESSISCHES HUHN

8 Portionen

700 g Hühnerschenkel, halb mit Knochen,
   halb ausgelöst
600 ml Wasser
Salz, schwarzer Pfeffer
80 g Walnüsse, gehackt
1 TL süßes Paprikapulver
2 Knoblauchzehen
40–50 g Semmelbrösel
3 EL Oliven- oder Walnussöl
Paprikapulver
8 halbe Walnüsse zum Dekorieren

- Hühnerfleisch in Salzwasser etwa 1 Stunde weich kochen. Das Kochwasser aufbewahren.
- Haut und Knochen entfernen und das Fleisch zerpflücken. Mit frisch gemahlenem schwarzen Pfeffer würzen und auf einer Platte anrichten.
- Walnüsse, Paprikapulver, Knoblauchzehen und Semmelbrösel mit der Hühnerbrühe im Mixer pürieren. Die Masse soll dickflüssig sein, ist sie es nicht, mehr Semmelbrösel dazugeben. Mit Salz abschmecken und über dem zerpflückten Huhn verteilen.
- Paprikapulver mit Oliven- oder Walnussöl vermischen und darüber träufeln. Mit Walnüssen dekorieren.
- Gekühlt mit Fladenbrot (s. S. 39) und Salat (s. S. 74) servieren.

Incir Uyuşturması
EINSCHLÄFERNDE FEIGEN

8 Portionen

1 l Milch
200 g getrocknete Feigen, gewürfelt
100 g Walnüsse, fein gehackt

- Die Milch aufkochen und sofort kochendheiß über die Feigenwürfel gießen. Ist die Milch nicht heiß, vermischt sich die Masse nicht ordentlich.
- Mit dem Stabmixer pürieren und in Schälchen füllen.
- 1–2 Stunden kühl stellen und servieren.
- Nach Belieben mit grob gehackten Walnüssen dekorieren.

Incir Dolması
GEFÜLLTE FEIGEN

6 Portionen

18 getrocknete weiße Feigen
120 g Mandeln und Walnüsse, grob gehackt
200 g Zucker
200 ml Wasser

für den Winter

- Die Feigen 15 Min. in kaltes Wasser einlegen.
- Feigenspitzen abschneiden, mit dem Finger die Öffnung vergrößern und das Innere ausweiten.
- Nussmischung in die Feigen füllen und dicht nebeneinander in eine runde Backform (*Tepsi*, ø 40 cm) legen, mit Zucker bestreuen und dem Wasser begießen.
- Die Feigen auf dem Herd erst auf starker und dann auf kleiner Flamme etwa 30 Min. garen. Der Zucker soll karamellisieren, ohne auf dem Boden anzubrennen.
- Anschließend die Feigen im vorgeheizten Ofen bei 220 °C knusprig backen.
- Sie werden lauwarm oder kalt serviert und schmecken sehr gut mit Kaymak (s. S. 135) oder Eiscreme.

1

2

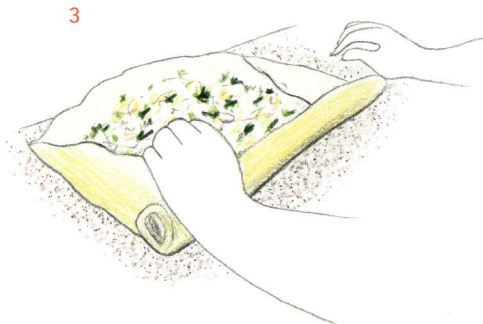

3

Gül Böreği
ROSENBÖREK

etwa 50 Stück, pro Person
3–5 als Appetithäppchen

200 g Kaşar Peynir (milder Käse wie Gouda), grob gerieben
600 g Beyaz Peynir (frischer Schafskäse, Feta), zerbröckelt
160 g glatte Petersilie, fein gehackt
80 g Dill, fein gehackt
½ EL Paprikaflocken (Pul Biber)
400 ml Milch
50 ml Olivenöl
6 Yufkateigblätter, etwa 60–70 cm ø
½ EL Sonnenblumenöl

- Für die Füllung 3/4 des Weichkäses, den Schafskäse sowie Kräuter und Gewürze in einer Schüssel mischen.
- Milch und Olivenöl in eine zweite Schüssel gießen.
- Ein Yufkablatt ausbreiten, ein halbes Teigblatt in große Stücke reißen und darauf legen, dabei einen Rand von 10 cm freilassen. Etwa vier Hände voll Füllung bis etwa 10 cm vom Rand entfernt auf den Teig streuen; 5 EL des Milch-Öl-Gemischs darüber gießen.
- Das Teigblatt von drei Seiten etwa 5–10 cm einschlagen und gegen die nicht eingeschlagene Seite hin locker aufrollen. Am Schluss den Rand mit der Milch-Öl-Flüssigkeit bestreichen und an die Rolle kleben.
- Die Rolle in 4 cm breite Stücke schneiden. Die beiden Anschnitte ohne Füllung werden nicht verwendet.
- Das Blech mit Sonnenblumenöl bestreichen und die Teigröllchen mit der Schnittfläche nach oben darauf stellen. Mit Milch-Öl-Flüssigkeit beträufeln und den übrigen geriebenen Weichkäse darüberstreuen.
- Die Rosenbörek im vorgeheizten Backofen bei 170 °C etwa 20 Min. goldbraun backen, danach auskühlen lassen und servieren.

4

5

hübsch und lecker

Nurten Canbeyoğlu

Nurten ist 38 und stammt aus der Stadt Mardin, die in der gleichnamigen Provinz in Südostanatolien liegt, nahe der Grenze zu Syrien und Irak. Neben Istanbul ist Mardin vermutlich die multikulturellste Stadt der Türkei: Hier leben Kurden, Araber, Aramäer und Türken. Nurten hat in Ankara Soziologie studiert. Vor zehn Jahren ist sie wegen besserer Arbeitschancen nach Istanbul gezogen. Sie schätzt Istanbul, würde aber lieber in Naturnähe wohnen, in einem Haus mit Garten. In Istanbul lebt sie in Göztepe auf der asiatischen Seite.

Mardin ist bekannt für seine gute Küche. Hier wurde vieles aus der arabischen Küche und der des Mittleren Ostens übernommen. Nurten hat das Kochen von ihrer Mutter gelernt und ist eine begnadete Hobbyköchin. Sie kocht gerne für Freunde und Verwandte, weniger für sich selbst, da sie allein lebt und viel arbeitet.

Nurten vereint ihre Leidenschaften Reisen und Kochen aufs Schönste, denn von ihren Reisen bringt sie Kräuter, Gewürze und Kochbücher mit nach Hause. Sie liebt Gewürze; bei den türkischen Gerichten benutzt sie mehr Gewürze und Kräuter als üblich. Nurten war schon in Deutschland und Spanien, aber Nepal ist ihr liebstes Reiseziel. Sie würde auch gerne nach Indien und Frankreich reisen.

Nurten liebt die asiatische und italienische Küche, sie probiert gerne Neues aus und isst auch Schweinefleisch. Ihr Lieblingsgericht ist aber *Babaganuç*, ein arabisches Auberginengericht, das in Mardin gerne gegessen wird.

Dövmeli Haydari
JOGHURT MIT WEIZEN

8–10 Portionen

200 g Weizenkörner
1 kg Joghurt
1 TL Salz
5 Knoblauchzehen, gepresst
2 EL Olivenöl
2 TL getrocknete Minze, zerrieben
Paprikaflocken (Pul Biber), mittelscharf
8–12 frische Minzblättchen

- Weizenkörner über Nacht einweichen und am nächsten Tag im Einweichwasser weich kochen.
- Joghurt, Weizenkörner, Salz und Knoblauch miteinander vermengen und in eine Schale geben. Olivenöl darüber träufeln. Mit etwas getrockneter Pfefferminze und Paprikaflocken (Pul Biber) bestreuen. Mit frischer Minze dekorieren.
- Kühlstellen und servieren.

Babaganuç
AUBERGINENPASTE

6 Portionen

7 Auberginen
5 Knoblauchzehen, gepresst
50 ml Olivenöl
3 Eier
100 ml Wasser
Salz

- Die Auberginen mit einer Gabel einstechen und auf einem Gasverteiler über der Gasflamme rösten (oder in der Glut eines Feuers), bis sie weich sind. Ab und zu drehen. Die abgekühlten Auberginen schälen.
- Das Fruchtfleisch pürieren oder hacken.
- Den Knoblauch mit dem Auberginenmus vermischen.
- In einer Pfanne das Olivenöl erhitzen, die verquirlten Eier hineingeben und stocken lassen, aus der Pfanne nehmen und in Streifen zerteilen.
- Die Auberginen-Mischung in die Pfanne geben und leicht anbraten, das Wasser hinzufügen, aufrühren, salzen, die Hälfte der Eierstreifen dazugeben und noch einmal aufkochen.
- In einer Schale anrichten, mit der anderen Hälfte der Eierstreifen dekorieren, mit Paprikaflocken (Pul Biber) bestreuen und kalt servieren.

klassisches Meze

Das Babaganuç *wird auch mit* Tahin *(Sesampaste) statt Ei zubereitet. Das Mus muss nicht angebraten werden.*

Humus

KICHERERBSENPASTE

6 Portionen

300 g Kichererbsen
850 ml Wasser zum Kochen
6 EL Tahin (Sesampaste)
9 Knoblauchzehen
1½ TL Salz
1½ TL Kreuzkümmel
2 EL Olivenöl

- Die Kichererbsen über Nacht einweichen.
- Am nächsten Tag in frischem Wasser weichkochen. Das Wasser nicht weggießen.
- Kichererbsen mit Kochwasser, *Tahin* und Knoblauchzehen mit dem Stabmixer pürieren und in eine Schale füllen.
- Zur Dekoration mit Olivenöl begießen und mit Kreuzkümmel bestreuen.

klassisches Meze

VARIANTEN

- Als Dekoration mit einer Gabel oder einem Löffel Muster in die Oberfläche machen.
- Süßes Paprikapulver mit Olivenöl mischen und darüber träufeln.
- *Kayseri Pastırma* (luftgetrocknetes Rindfleisch aus Kayseri) fein schneiden und darüber streuen.

Fava

BOHNENPASTE

10–15 Portionen

500 g Sau- bzw. Favabohnen
2 kleine Kartoffeln
1 TL weißer Pfeffer
1 TL Kardamom
6 EL Olivenöl
1 TL getrockneter Dill, zerrieben
3 EL frischer Dill, fein gehackt
Salz

- Bohnen waschen, Kartoffeln schälen, würfeln und mit weißem Pfeffer und Kardamom würzen.
- Bohnen und Kartoffeln in einen Topf geben und Wasser angießen, es sollte das Gemüse etwa zwei Fingerbreit bedecken.
- 1 EL Olivenöl dazugeben und 60 Min. auf kleiner Flamme kochen lassen bis die Bohnen weich sind. Abkühlen lassen.
- Mit getrocknetem Dill und 3 EL Olivenöl im Mixer pürieren.
- In einer Schale anrichten, 2 EL Olivenöl darübergießen und mind. 2 Stunden in den Kühlschrank stellen, am besten über Nacht. Mit Salz abschmecken. Mit frisch gehacktem Dill dekorieren.

Nuar

LAMMKEULE MIT NELKENPFEFFER

10–12 Portionen

2–2½ kg Lammkeule mit Knochen
1 EL Tomatenmark
1 EL mildes Paprikamark
1 Knoblauchknolle
2 EL schwarze Pfefferkörner
2 EL Nelkenpfefferkörner (Piment)
50 g Butter
1 EL gemahlener Nelkenpfeffer (Piment)
1 EL gemahlener schwarzer Pfeffer
1 EL getrockneter Rosmarin, zerrieben
etwas Salz
2 EL Olivenöl

- Das Lammfleisch wenn nötig von Fett und Sehnen befreien, aber nicht vom Knochen lösen, mit Tomaten- und Paprikamark einreiben. Mit den geschälten Knoblauchzehen und der Hälfte der Pfefferkörner und Nelkenpfefferkörner spicken.
- Butter in einem großen Topf zerlassen und das Fleisch darin anbraten. Die restlichen Gewürze hinzufügen. Das Fleisch mit Wasser bedecken. Auf mittlerer bis kleiner Flamme drei bis vier Stunden köcheln lassen. Ab und zu mal umdrehen und salzen. Das Fleisch soll so weich sein, dass es sich ohne Mühe vom Knochen löst. Zum Schluss das Olivenöl als Würze dazugeben.
- In Stücken auf einer Platte anrichten. Etwas Fleischsud mit den restlichen Pfeffer- und Nelkenpfefferkörnern darübergießen.

Zerde

REISDESSERT AUS MARDIN

10 Portionen

320 g Milchreis
3 EL Nelkenpfefferkörner (Piment)
500 g Zucker
Zimt

- Reis waschen und mit den Nelkenpfefferkörnern in ausreichend Wasser bei mittlerer Flamme in 1–1½ Stunden ganz weich kochen.
- Zum Schluss den Zucker dazugeben und noch einmal kurz aufkochen.
- Die Reismasse mit den Nelkenpfefferkörnern in Schüsselchen füllen. Mit Zimt bestreuen und kalt servieren.

Dieses bekannte Dessert wird häufig mit Safran und Rosenwasser zubereitet.

ganz einfach

Zeytinyağlı Dolmalar
GEFÜLLTES GEMÜSE

etwa 15 Portionen als Vorspeise

Gemüse
10 kleine längliche Auberginen
20 kleine grüne Gemüsepaprika

Füllung
1 kg Reis
4 Zwiebeln, fein gehackt
100 ml Olivenöl
2 EL Tomatenmark
2 TL schwarzer Pfeffer
100 ml Sonnenblumenöl
2 TL Salz
1 Zuckerwürfel
3 EL getrocknete Minze, zerrieben
1 TL getrockneter Rosmarin, zerrieben

Zum Garen
1 TL schwarzer Pfeffer
½ TL Zitronensäure
1 TL Salz
Olivenöl
2 EL Sumak
200 ml heißes Wasser

- Die Auberginen quer halbieren und aushöhlen (siehe Bild).
- Bei den Paprikaschoten jeweils einen Deckel abschneiden und das Gehäuse entfernen.
- Den Reis waschen.
- Zwiebelwürfel im Olivenöl anbraten, Tomatenmark hinzufügen, kurz weiter braten, dann den gewaschenen Reis beigeben und wieder kurz weiter braten. Vom Feuer nehmen und Pfeffer, Öl, Salz, Zucker, Minze sowie Rosmarin dazugeben.
- Die Auberginen und die Paprika mit dem Reis ¾ füllen und an den Öffnungen ineinander stecken, damit der Reis nicht heraus fällt.
- In einem großen Topf aufeinander schichten.
- Schwarzen Pfeffer, Zitronensäure und Salz hinzufügen, etwas Olivenöl darübergießen und mit einem Teller beschweren.
- Sumak im heißen Wasser einweichen, dazugießen, mit dem Deckel verschließen und etwa 50 Min. garen lassen.
- Die gefüllten Gemüse (*Dolma*) vorsichtig aus dem Topf heben und auf Platten anrichten.

Auch Zucchiniblüten und Gemüsezwiebeln eignen sich hervorragend für diese Füllung.

ganz typisches Gericht

Musa Dağdeviren

Musa wurde 1960 in Nizip, in der Region Gaziantep, geboren und ist dort aufgewachsen. Er kommt aus einer großen kurdisch-türkischen Familie, die traditionell in der Gastronomie gearbeitet hat. Sein Onkel besaß eine Bäckerei, die *Pide*, *Lahmacun*, *Tepsi Kebab* und vieles andere anbot. Dort half Musa bereits mit fünf Jahren. Kochen hat er bei seiner Mutter gelernt, die eine sehr gute Köchin ist. Musa meint sogar, sie koche besser als er.
Mit 19 Jahren kam er nach Istanbul. Hier hat er sich in verschiedenen Restaurants als Koch hoch gearbeitet und sich auf *Kebab*, *Pide* und Vorspeisen spezialisiert. Außerdem forscht er leidenschaftlich nach vergessenen regionalen Rezepten aus den türkischen Regionen und den umliegenden Ländern, die er für seine Recherchen bereist.
1987 eröffnete er das *Çiya Kebab-Lahmacun* im Istanbuler Stadtteil Kadiköy. Musa setzt sich für eine natürliche Küche ein, die frisch und von Hand zubereitet wird. Er verwendet nur frische Produkte und kocht saisonal.
Seit 2004 gibt Musa gemeinsam mit seiner Frau die renommierte Zeitschrift *YemekveKültür*, *Essen und Kultur*, heraus. Hier veröffentlicht er seine Rezepte und Recherchen über vergessene Rezepte, Wildkräuter und -gemüse. In den Bergen entdeckt er immer wieder essbare Wildpflanzen wie zum Beispiel wilde Malven oder Wilddisteln. Zur Zeit recherchiert Musa über die Herkunft des Döner, dessen Geschichte er richtigstellen will. Musa ist davon überzeugt, dass die interessanteste Küche immer von den Armen kommt. Sie erweitern die Küche mit ihrem aus der Not geborenen Erfindungsreichtum.
Heute führt er drei *Çiya*-Restaurants in derselben Straße. Er kocht nicht mehr selbst, aber er lernt seine Köche an. Die Rezepte kommen aus der Türkei sowie aus den umliegenden Ländern und Gegenden wie etwa Syrien, Armenien, Zypern, Balkan, Kaukasus, Mesopotamien, Georgien. Musa kocht die Gerichte mal traditionell, mal verändert oder modernisiert er sie auch. Zum Beispiel serviert er *Lahmacun* auch als vegetarische Variante. Musa bezieht viele Waren direkt von den Bauern und kauft biologische Produkte ein. Er gibt seinen Bauern auch eigene Samen, die dann die Pflanzen für ihn aufziehen. Musa war der Erste, der alte regionale Gerichte auf seine Speisekarte gesetzt hat. Heute ist das im Trend, und viele tun es ihm gleich. Seine Gäste kommen aus der Türkei und der ganzen Welt.

Tırnaklı Pide · Ramazan Pide

FLADENBROT

5 Fladenbrote

1 kg Mehl
25 g frische Hefe
15 g Salz
600 ml lauwarmes Wasser
2 Eigelb
1 EL Joghurt
10 g Sesamsamen
5 g Schwarzkümmelsamen

- Mehl auf ein Brett sieben und in der Mitte eine Vertiefung machen. Hefe hinein bröseln und mit dem Salz bestreuen, dadurch wird die Hefe flüssig. Mit den Fingern etwas ankneten. Das lauwarme Wasser dazugeben und langsam, ohne zu schlagen oder zu ziehen, einen Teig kneten.
- 1 Stunde bei Zimmertemperatur aufgehen lassen.
- Den Teig nochmals durchkneten und 5 gleich große Kugeln formen. Diese nochmals 5–10 Min. ruhen lassen.
- Die Eigelbe mit dem Joghurt verquirlen.
- Die Teigkugeln nun mit den Händen zu etwa 30 cm runden Teigfladen ziehen, und die Oberflächen mit der Joghurt-Ei-Masse bestreichen.
- Mit den Fingerkuppen kräftig Muster in den Teig drücken.
- Mit Sesam- und Schwarzkümmelsamen bestreuen.
- Die Pide etwa 15–20 Min. im auf 250 °C vorgeheizten Backofen backen. Den Ofen während der Backzeit nicht öffnen. Sie sollen schön goldbraun sein. Warm servieren.

Dieses Fladenbrot wird gerne während des Ramadan gebacken. Es stammt aus dem östlichen Mittelmeerraum, vor allem aus Antep, Adana, Antakya, Maraş sowie aus Urfa. Traditionell werden die Pide im Steinofen gebacken, sie können zu jedem Essen gereicht werden.

Vişneli Köfte

KÖFTE IN SAUERKIRSCHSAUCE

2 Portionen

250 g mageres Hackfleisch (½ Lamm, ½ Rind)
Salz und schwarzer Pfeffer
200 g Sauerkirschen
1 EL Butter
1 kleine Zwiebel, sehr fein gehackt oder gerieben
2 Knoblauchzehen, sehr fein gehackt oder gerieben
1 TL Zucker
Salz und schwarzer Pfeffer
1 TL gemahlener Nelkenpfeffer (Piment)
etwa 1 TL Paprikaflocken (Pul Biber), scharf
½–1 TL Zimt
1 große Fleischtomate, in kleinen Stückchen
100 ml Wasser
1 Fladenbrot (s. S. 39)
½ Bund glatte Petersilie, fein gehackt

- Das Hackfleisch mit Salz und schwarzem Pfeffer würzen und gut verkneten.
- Kleine Fleischbällchen von etwa 2,5 cm ø formen und in der Pfanne anbraten.
- Die Sauerkirschen entsteinen.
- Die Butter in einem Topf erwärmen, Zwiebel- und Knoblauchwürfelchen mit dem Zucker leicht karamellisieren. Alle Gewürze dazugeben und kurz weiter rösten, dann die Fleischbällchen hinzufügen.
- Tomatenstückchen, Kirschen und 100 ml Wasser in einen Topf geben und 20 Min. bei kleinem Feuer bedeckt kochen. Ab und zu umrühren.
- Fladenbrot in etwa 3–4 cm kleine Stücke schneiden. Auf jeden Teller ein bis zwei Handvoll Brotstückchen legen. Mit etwas Salz und schwarzem Pfeffer bestreuen.
- Die Hälfte der Petersilie in den Topf geben.
- Die Sauerkirschsauce mit den Köfte auf den Brotstücken anrichten. Mit der restlichen Petersilie bestreuen.

Gericht zur Sauerkirschzeit aus Südostanatolien und vom Mittelmeer. Der Kirschgeschmack verstärkt sich, wenn die Kirschsteine mitgekocht werden.

für Gäste

Demir Tatlısı
GEBÄCK AUS DEM EISEN

2–4 Portionen

2 Eier
2 EL Joghurt
1 EL Mehl
300 ml Sonnenblumenöl
 zum Ausbacken
4 EL Walnüsse oder Pistazien,
 grob gehackt
8 EL Traubensaftkonzentrat
 (Pekmez)
etwas Zimt

für Fortgeschrittene

- Eier schaumig schlagen, dann Joghurt und Mehl kräftig unterrühren. Kurz stehen lassen.
- Das Sonnenblumenöl in einer Pfanne erhitzen. Die Eisenform (siehe Bild) im Öl erhitzen und in den Teig eintunken.
- Das Eisen mit dem Teig wieder ins heiße Öl tauchen und das Gebäck ausbacken.
- Das Traubensaftkonzentrat mit etwas Zimt erwärmen. 1–2 EL davon auf einen Teller geben, das Gebäck darauf legen und mit den gehackten Walnüssen oder Pistazien bestreuen. Man kann das Gebäck auch nur mit Nüssen ohne Traubensaftkonzentrat servieren.

Musa hat für dieses armenische Gericht extra Eisenformen anfertigen lassen. Man könnte auch an metallene Weihnachtsplätzchenformen einen Draht montieren und diese als Form benutzen.

Kabak Tatlısı
KANDIERTER KÜRBIS

4 Portionen

300–400 g Kürbis
2 l Wasser
Saft von einer 1 Zitrone
600 g Zucker
800 ml Wasser
4 EL Walnüsse oder Pistazien, grob gehackt

- Kürbis schälen und in lange, schmale Stücke schneiden.
- Kürbisstücke 8 Stunden in 2 l Wasser einlegen.
- Aus dem Wasser nehmen und mit Zitronensaft beträufeln.
- Zucker in 800 ml Wasser 20 Min. aufkochen.
- Die Kürbisstücke im Zuckersirup eine halbe Stunde auf mittlerer Flamme leicht köcheln.
- Abkühlen lassen und mit gehackten Walnüssen, Pistazien oder *Tahin* (Sesampaste) servieren. Auch *Kaymak* (s. S. 135) schmeckt sehr gut dazu.

Nihal Sümerbas

Nihal, 33, ist in Izmir aufgewachsen und vor 15 Jahren nach Istanbul gezogen. Sie hat eine 9-jährige Tochter, die bei ihrem Vater lebt.

Nihal stammt aus einer Gastronomie-Familie, die ein *Meyhane* in Kuşadası in der Nähe von Izmir führte. Meyhane sind ursprünglich griechische Tavernen mit Livemusik. Traditionellerweise werden in der Türkei dort *Meze* (Vorspeisen), Fisch und *Rakı* serviert. Im Familienbetrieb hat Nihal von ihrer Mutter und Großmutter kochen gelernt, vor allem Fischgerichte. In der Izmirküche werden frische Kräuter und Wildgemüse (Hirtentäschel, Gänsefuß, Fenchel, Malven, Brennnessel, Liebstöckel u.v.m.) verwendet, die man in Istanbul nicht alle findet. Auch wird in der Ägäis viel mit Artischocken gekocht, die bis vor einigen Jahren in Istanbul kaum verbreitet und ein Luxusgut waren. Aufgrund des heißen Klimas gibt es in Izmir viele kalte Spezialitäten.

Nihal sieht sich als moderne, frei denkende Muslimin. Sie kocht sehr gerne und macht ab und zu auch chinesische, italienische und osttürkische Gerichte. Aber am liebsten hat sie *Meze*, die türkischen Vorspeisen. Ihr Traum ist es, ein eigenes Restaurant im Süden der Türkei zu eröffnen.

Zeytinyağlı Enginar
GEFÜLLTE ARTISCHOCKENBÖDEN

4 Portionen

2 Karotten, klein gewürfelt
300 ml Wasser
8 EL Olivenöl
1 TL Salz
4 Zuckerwürfel
1 Zwiebel
1 mittelgroße Kartoffel, klein gewürfelt
250 g Erbsen, frisch oder tiefgefroren
4 frische in Wasser eingelegte Artischockenböden (beim Einkaufen darauf achten, dass sie hell sind)
etwas Dill
Zitronenschnitze

- Karottenwürfelchen mit Wasser, 4 EL Olivenöl, Salz und den Zuckerwürfeln in einem Topf in etwa 10 Min. weich kochen.
- Eine ganze geschälte und kreuzweise eingeschlitzte Zwiebel sowie die Kartoffelwürfel und Erbsen hinzufügen. Die Artischockenböden auf das Gemüse legen.
- Bei kleiner Hitze etwa 15 Min. weiterkochen. Die Artischockenböden sollen noch etwas Biss haben.
- Das Wasser abgießen. Die Artischockenböden aus dem Topf nehmen und mit der Gemüsemischung füllen, dem restlichen Olivenöl beträufeln, mit Dill bestreuen und kühl stellen.
- Kalt mit Zitronenschnitzen servieren.

Haydari
JOGHURT MIT KRÄUTERN

4 Portionen

2 Knoblauchzehen, fein gehackt
2 EL frischer Dill, sehr fein geschnitten
200 g Süzme-Joghurt (10% Fett)
1 Prise Salz
1 TL getrocknete Minze, zerrieben

klassisches Meze

- Alle Zutaten sorgfältig miteinander vermengen. Wer möchte kann noch kleine Fetawürfel dazugeben.

Diese Vorspeise genießt man am besten zusammen mit anderen Vorspeisen und einem Glas eisgekühlten Rakı. Süzme-Joghurt kann man auch selbst herstellen, indem man 10%igen Naturjoghurt etwa 30 Min. in einem Tuch abtropfen lässt.

Sebzeli Levrek

SEEBARSCH ODER DORADE MIT GEMÜSEFÜLLUNG

4 Portionen

Vinaigrette
6 EL Olivenöl
2 TL Salz
2 TL getrockneter Oregano, zerrieben
4 EL Zitronensaft

Fisch
4 ganze Seebarsche oder Doraden,
 ausgenommen und entgrätet
Olivenöl
1 Stück frischer Ingwer, etwa 2 cm
2 Karotten
2 Zwiebeln
4 Champignons
1 Bund glatte Petersilie
1 Bund frischer Dill
Salz
Pfeffer
100 ml Wasser
Rucola-Blätter zum Garnieren
Zitronenschnitze

für Gäste

- Die Zutaten der Vinaigrette mischen, am besten kräftig in einem Schraubglas schütteln.
- Die ganzen Fische müssen so aufgeschnitten sein, dass der Rücken noch zusammenhängt. Ein großes Stück Alufolie, ausbreiten und mit Olivenöl bestreichen. Einen aufgeschnittenen Fisch darauf legen und mit der Vinaigrette bestreichen.
- Ingwer, Karotten, Zwiebeln und Champignons in dünne, etwa 1 mm dicke Scheiben schneiden; Petersilienblättchen abzupfen, Dill von den Stängeln befreien und fein hacken. Diese Zutaten schichtweise auf die eine Fischhälfte legen in der Reihenfolge: Ingwerscheiben, Dill und Petersilie, Pilz-, Karotten- und Zwiebelscheiben, dann wieder Dill, Petersilie und Pilzscheiben. Darüber etwas Vinaigrette gießen, mit Salz und Pfeffer bestreuen.
- Fisch zuklappen und die Folie fest um den Fisch verschließen. Die vier Fisch-Päckchen auf ein Backblech legen und mit dem Wasser begießen. In den vorgeheizten Ofen schieben und bei 150 °C etwa 50 Min. backen.
- Fisch vorsichtig aus der Folie nehmen und auf Tellern anrichten. Mit Rucola garnieren und Zitronenschnitzen servieren.

Dieses Gericht stammt aus der Ägäis.

Izmir Köftesi

KÖFTE NACH IZMIR-ART

4 Portionen

6 saftige Tomaten, geschält und klein gewürfelt
500 ml Sonnenblumenöl zum Frittieren
6 mittelgroße Kartoffeln
4 hellgrüne milde Paprika (Carliston)
300 g Rinderhack
½ Bund glatte Petersilie, fein gehackt
1 EL Paniermehl
1 TL getrockneter Oregano, zerrieben
Salz
Pfeffer

- Tomatenwürfel in etwas Sonnenblumenöl mit Salz und Pfeffer zur Sauce einkochen. Beiseitestellen.
- Das Sonnenblumenöl in einem Topf erhitzen. Kartoffeln schälen, in Spalten schneiden und im heißen Öl frittieren. Auf Küchenpapier abtropfen lassen und in eine Backform legen. Die Paprika entkernen, längs halbieren, frittieren und ebenfalls in die Backform legen.
- Hackfleisch, Petersilie, Paniermehl, Oregano, Salz und Pfeffer gut miteinander vermengen und wie einen Teig ein paar Mal in die Schüssel schlagen, um die Masse fester zu machen.
- Acht flache, etwa 2 cm dicke Köfte formen und ebenfalls im Öl frittieren bis sie braun und außen knusprig sind. Abtropfen lassen und in die Backform legen.
- Die Tomatensauce über die Zutaten in der Backform gießen und für etwa 10 Min. in den auf 200 °C vorgeheizten Backofen schieben.
- Am besten schmecken die Izmir Köfte, wenn sie sofort gegessen werden. Als Beilage passen Reis oder ein Salat (s. S. 74).

Ursprünglich wurden diese Köfte in einem flachen ovalen Tontopf in einem Steinofen im Garten über dem Feuer gekocht. Izmir Köfte sind in der ganzen Türkei bekannt.

Kiva Han

Deniz und Adnan Şahin führen seit einem Jahr gemeinsam das Restaurant *Kiva Han*. Das Konzept, regionale Gerichte wieder aufleben zu lassen, haben sie von Musa Dağdeviren, dem Gründer des Restaurants *Çiya*, übernommen. Adnan, der Präsident des anatolischen Kochverbandes, ist der Theoretiker, Deniz, die Praktikerin. Sie und die Köche Ali Taşdemir und Kazım Bozfırat bereiten dann die ausgewählten Rezepte zu.

Deniz und Adnan Şahin

Deniz Şahin, 39, hat einen 20-jährigen Sohn sowie eine 11-jährige Tochter und ist nicht-praktizierende Muslimin.
Sie stammt aus Tokat und führte dort ein Lokal mit regionalen Spezialitäten; Lokale dieser Art werden *Yöresel Yemek* genannt. Deniz ist bis zu ihrem achten Lebensjahr bei ihrer Großmutter in Tokat aufgewachsen und hat von ihr die Leidenschaft fürs Kochen geerbt. Dann kam sie zu ihren Eltern nach Deutschland. Nach dem Abitur kehrte sie aber wieder in die Türkei zurück, weil sie große Sehnsucht nach ihrer Heimat hatte. Privat kocht sie auch internationale Gerichte und experimentiert gerne. Ihr Lieblingsgericht ist das Auberginenpüree *Hünkar Beğendi* (*Dem Hünkâr hat's gefallen*).
Adnan Şahin forscht nach alten und vergessenen Rezepten. Dazu spricht er mit vielen Leuten und recherchiert in Bibliotheken. Auf Archivbildern mit Kochdarstellungen sucht er nach alten Kochtechniken. Sein besonderes Interesse gilt den herkömmlichen Zubereitungsarten der anatolischen Küche. Adnan hat 20 Kochbücher, speziell über die Küche aus seinem Herkunftsort Tokat, geschrieben. Er verfasst die Kochseite in zwei Istanbuler Zeitungen, der *Haber Türk Gazetesi* und der *Dünya Gazetesi*, und steht auch in Kontakt mit den Leuten von Slowfood. Wenn er Rezepte entdeckt, die er im *Kiva Han* auf die Karte setzen möchte, werden sie von Deniz getestet und je nachdem für das Restaurant angepasst.

Ali Taşdemir, Kazım Bozfırat

Ali Taşdemir, der Chefkoch, und Kazım Bozfırat, der Koch, stammen beide aus Gaziantep, einer der kulinarischen Hochburgen der Türkei. Ali hat 12 Jahre im Restaurant *Çiya* gearbeitet und für dieses Kochbuch die Kräuterlimonade *Yeşil Sifa* zubereitet. Kazım war früher Bäcker, Döner- und Kebabkoch. Er hat die Rezepte Wildthymiansalat (*Zahter Salatasi*), die Bulgurbällchen (*Analı Kızlı*) und die gefüllten Zwiebeln (*Soğan Kebab*) beigesteuert.

Acuka Çerkez Ezmezi
TSCHERKESSISCHE PAPRIKAPASTE

6 Portionen

etwa 100 g Zwieback
200 ml Wasser
150 g Walnüsse, grob gehackt
½ TL schwarzer Pfeffer
1 TL gemahlener Nelkenpfeffer (Piment)
½ TL Zimt
4–6 EL Paprikaflocken (Pul Biber), mittelscharf
1 EL Tomatenmark
200 ml Olivenöl
1 Knoblauchzehe, gepresst

- Den Zwieback zerbröseln und im Wasser einweichen.
- Alle Gewürze, gepresster Knoblauch und Öl mit dem Zwieback vermischen. Zum Schluss die Walnüsse hinzufügen. Mit Fladenbrot (s. S. 39) servieren.

Diese Paste hält im Kühlschrank 4–5 Tage und schmeckt wunderbar. Die Schärfe kann man mit mehr oder weniger Paprikaflocken (Pul Biber) verändern.

Zahter Salatası
WILD- ODER FELDTHYMIANSALAT

4 Portionen

20 g getrocknete Wild- oder Feldthymianblätter (*Zahter*)
1 rote Paprika, fein gehackt
3 Frühlingszwiebeln, in feinen Röllchen
1 Bund glatte Petersilie, fein gehackt
½ TL Salz
¼ TL Paprikaflocken (Pul Biber), mittelscharf
1 EL Granatapfelkonzentrat
2 EL Olivenöl

würzig und anregend

- Thymianblätter 2 Min. in kochendes Wasser legen, herausnehmen und abtropfen lassen.
- Alle frischen Zutaten miteinander vermengen und mit Salz, Paprikaflocken (Pul Biber), Granatapfelkonzentrat und Öl abschmecken.

Dieser Salat wird in kleinen Portionen angerichtet. Als Variante können auch geschnittene grüne Oliven oder Tomatenstückchen hinzugefügt werden. In den Ländern des östlichen Mittelmeerraums wird oft keine Unterscheidung zwischen Oregano, Majoran, Wild- oder Feldthymian und Bohnenkraut gemacht. Der Zahter, der für diesen Salat verwendet wird, kommt aus der Südosttürkei.

Etli Yaprak Sarması

GEROLLTE WEINBLÄTTER NACH TOKAT-ART MIT BULGUR

etwa 100 Stück

100 g feiner Bulgur
200 g Hackfleisch, ½ Lamm ½ Rind
½ TL schwarzer Pfeffer
¼ TL gemahlener Kreuzkümmel
¼ TL gemahlener Nelkenpfeffer (Piment)
½ EL Tomatenmark
1 Zwiebel, fein gehackt
250 g in Salz eingelegte Weinblätter
ein paar Lammrippen
60 g Butter

- Den Bulgur mind. 1 Min. waschen, so dass er etwas vom Wasser aufsaugen kann.
- Bulgur, Hackfleisch, Gewürze, Tomatenmark und Zwiebel miteinander vermengen und gut durchkneten.
- Die Weinblätter mehrmals wässern, damit das Salz gelöst wird. Schmecken die Stängel nicht mehr salzig, sind sie gut.
- Ein Weinblatt mit der Innenseite nach oben auf die Hand legen, mit einem Teelöffel etwas Füllung darauf geben und von beiden Seiten einschlagen. Die beiden Seiten noch einmal einschlagen und dann einrollen. Mit ein bisschen Übung gelingt dies immer besser.
- Die gefüllten Weinblätter werden rund gerollt und sollen sehr klein sein, etwa 3 x 2 cm. Dafür nimmt man kleine Weinblätter oder reißt große entzwei. Natürlich können die Röllchen auch etwas größer sein.
- Wenn möglich, ein paar Lammrippenknochen in einen großen Topf legen. Darauf die gerollten Weinblätter geben und die Butter hinzufügen. Den Topf mit Wasser bis etwa 4 cm unterhalb der Röllchen füllen. Wenn das Wasser kocht, auf die kleinste Flamme stellen und 2–3 Stunden garen.

Die Weinblätter werden entweder warm oder kalt als Vorspeise serviert oder warm mit Reis als Hauptspeise.

frische Weinblätter einlegen

klassisches Meze

Soğan Kebab aus Gaziantep
GESCHMORTE ZWIEBELN MIT HACKFLEISCHBÄLLCHEN

4–6 Portionen

24 kleine Zwiebeln (4–5 cm Durchmesser)
400 g Rinderhack
Salz
Pfeffer
Paprikaflocken (Pul Biber), mittelscharf
50 g Tomatenmark
2 EL Granatapfelkonzentrat

- Die lose braune Haut bei den ungeschälten Zwiebeln entfernen, an der Wurzel gerade abschneiden (die Zwiebel soll auf dieser Schnittfläche stehen) und von der Wurzel her bis fast zur Spitze einschneiden, die Zwiebel darf nicht durchgeschnitten werden. Die Zwiebelspitzen bleiben ganz und ungeschält.
- Das Rinderhack mit den Gewürzen mischen, kleine Bällchen formen und in den Zwiebelspalt stecken.
- Die gefüllten Zwiebeln mit der Spitze nach oben in einer tiefen Backform eng aneinander stellen. Wasser in die Form gießen. Die Zwiebeln sollten zu 1/3 im Wasser stehen. Tomatenmark und 1 EL Granatapfelkonzentrat mit etwas Wasser anrühren und darüber gießen und etwa 40 Min. im auf 250 °C vorgeheizten Backofen schmoren.
- Die Zwiebeln auf einem kleinen Teller anrichten und nochmals mit Granatapfelkonzentrat bestreichen.

Diese Vorspeise eignet sich sehr gut für eine Mezetafel (Vorspeisenbuffet).

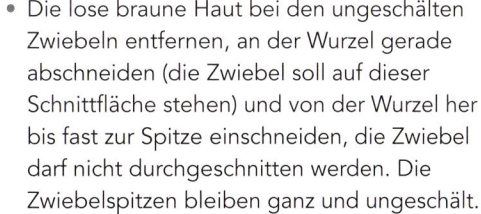

eine orientalische Pracht

Kuş

GEFÜLLTE TEIGTASCHEN – »VÖGEL«

6 Portionen

Teig
350 g Mehl
200–250 ml Wasser
½ TL Salz

Füllung
1 mittelgroße Kartoffel
1 mittelgroße Zwiebel, sehr fein gehackt
Olivenöl
250 g Rinderhack
1 TL Paprikaflocken (Pul Biber), mittelscharf
1 TL schwarzer Pfeffer
½ TL Salz

Sauce
2 Knoblauchzehen, gepresst
400 g *Süzme*-Joghurt (10% Fettanteil)
100 g Butter
1 EL Paprikaflocken (Pul Biber), mittelscharf

- Für den Teig Mehl mit Wasser und Salz vermengen, bis der Teig die Konsistenz eines Ohrläppchens hat. Beiseitestellen und abdecken.
- Für die Füllung die Kartoffel kochen. Die Zwiebelwürfel in Olivenöl leicht golden anbraten. Das Hackfleisch dazugeben und ebenfalls anbraten. Die Masse soll locker sein. Vom Feuer nehmen, die Gewürze sowie die gepellte und gestampfte Kartoffel hinzufügen und gründlich verrühren.
- Den Teig etwa 1 mm dünn auf bemehlter Fläche ausrollen und mit einer Tasse etwa 6–8 cm große Kreise ausstechen. Einen Teigkreis auf die Hand nehmen, etwas Füllung in die Mitte legen und mit Daumen und Zeigefinger eine Seite halb auf die Füllung klappen, die Teigränder von beiden Seiten abwechslungsweise so über die Füllung falten, dass die Teigtaschen am Ende wie Blätter mit Blattrippen aussehen (siehe Zeichnung).
- Die gefüllten Kuş in kochendem Salzwasser garen, bis sie hochsteigen, etwa 5–7 Min.
- Knoblauchzehen mit dem Joghurt mischen.
- In der zerlassenen Butter den Paprikaflocken (Pul Biber) leicht anrösten.
- Auf Teller verteilen, 2–3 EL Joghurt darüber geben und etwas von der Pul-Biber-Butter darauf gießen.

Dieses köstliche Gericht wird in der ganzen Türkei gegessen.

für Fortgeschrittene

Anzli Kızlı

BULGURBÄLLCHEN »MUTTER UND TOCHTER«

4 Portionen

100 g Kichererbsen

Füllung
150 g Rinderhack
30 g Walnüsse, fein gehackt

Bulgur-Grieß-Masse
300 g feiner Bulgur
75 g Grieß
1 Ei
1 EL Tomatenmark
Salz
Pfeffer
etwa 250–300 ml Wasser

Suppe
50 g Zwiebel, fein gehackt
150 g mageres Rindfleisch, sehr fein gewürfelt etwa ½–1 cm
1 l Kochwasser
70 g Tomatenmark
2 TL Salz

- Kichererbsen über Nacht einlegen und am nächsten Tag in frischem Wasser weich kochen und beiseitestellen.
- Für die Füllung Hackfleisch und Nüsse miteinander vermengen.
- Bulgur, Grieß, Ei, Tomatenmark, Salz und Pfeffer kräftig miteinander verrühren. Wasser dazugeben und gut verkneten, dann 10 Min. ruhen lassen. Die Masse muss leicht feucht sein, damit sie gut formbar ist.
- Zuerst werden die Mütter gerollt. Dazu aus der Hälfte der Bulgur-Grieß-Masse etwa 3 cm dicke Kugeln rollen. Mit dem Zeigefinger ein Loch in die Kugel drücken und ausweiten, etwas Fleischmasse hineingeben, dann das Loch vorsichtig verschließen und die jetzt etwa 4 cm große Kugel wieder rund rollen.
- Die Töchter sind einfacher – sie bleiben ungefüllt. Man rollt aus der restlichen Bulgur-Grieß-Masse kleine Kugeln in der Größe von Murmeln. Die Hände beim Rollen immer wieder befeuchten.
- Mütter und Töchter 10 Min. in etwa 2 l Wasser sprudelnd kochen, abgießen und abkühlen lassen.
- Für die Suppe Zwiebel und Rindfleischwürfel anbraten. Tomatenmark mit etwas Wasser geschmeidig rühren und dazugießen. Etwa 40 Min. kochen, bis das Fleisch weich ist. Nach 20 Min. die Kichererbsen und Salz hinzufügen.
- 10 Min. vor dem Anrichten gibt man die Mütter und Töchter dazu und serviert das Gericht in Suppentellern.

aufwendig und köstlich

Yeşil Şifa
GRÜNE KRÄUTERLIMONADE

800 g glatte Petersilie
400 g Brunnenkresse
400 g Dill
400 g Rucola
400 g Minze
400 g Basilikum
1,5 l Wasser
Zucker nach Geschmack
100 ml Orangensaft
100 ml Zitronensaft
2 Kiwi nach Belieben

- Die Kräuter waschen, die dicksten Stiele entfernen, alles ganz grob zerhacken, in einen Topf geben und das Wasser hinzufügen. Mit einem starken Zauberstab oder in einem Mixer sehr lange pürieren. Das Kräuterwasser dann durch ein großes Küchensieb filtern.
- Orangen und Zitronen auspressen. Kiwi pürieren und durch ein Sieb pressen.
- Orangen-, Zitronen- und Kiwisaft zum Kräutersaft gießen und mit Zucker nach Belieben süßen. Die Limonade kann auch ohne Zucker getrunken werden.
- Gut umrühren und kühl stellen. Sie kann etwa zwei Tage aufbewahrt werden.
- Das *Kiva Han* serviert diese Limonade in kleinen Gläsern als Aperitif. Sie wird in Anatolien im Frühling getrunken.

sehr erfrischend

Gülay Özkan

Die Schwestern Gülay Özkan, 40, und Satu Önder (s. S. 22) stammen aus Çorum in der Nähe von Samsun im Schwarzmeergebiet. Gülay hat die Grundschule besucht und mit 17 Jahren ihren Mann Orhan geheiratet. Er arbeitet an der Börse in Sariyer, einem Stadtteil von Istanbul. Sie haben zwei Söhne, der Ältere wird bald heiraten, und der Jüngere studiert in Çorum. Obgleich traditionellerweise nur Töchter das Kochen von den Müttern lernen, ruft Gülays Sohn nun manchmal an und fragt nach ihren Rezepten.

Die Familie ist vor 18 Jahren nach Istanbul gezogen; Gülay ist zufrieden mit ihrem Leben in Istanbul, möchte aber in vier Jahren, wenn ihr Mann in Rente geht, wieder zurück nach Çorum, weil es dort ruhiger und grüner ist.

Ihre Mutter ist eine ausgezeichnete Köchin, die in Çorum für Hochzeitsgesellschaften kocht. Eine ihrer Spezialitäten ist *Un Helvası* (Helva aus Mehl), eine süße Delikatesse speziell für Hochzeiten und Beerdigungen.

Gülay ist Hausfrau und verbringt drei bis vier Stunden am Tag mit Kochen, die meisten Zutaten kauft sie auf dem lokalen Markt ein. Sie kocht traditionelle türkische Gerichte, schaut sich aber manchmal Rezepte von ihrer Schwester ab, die gerne Neues ausprobiert oder Altbekanntes verändert. Gülays Lieblingsgemüse ist die Aubergine in jeder Zubereitungsart.

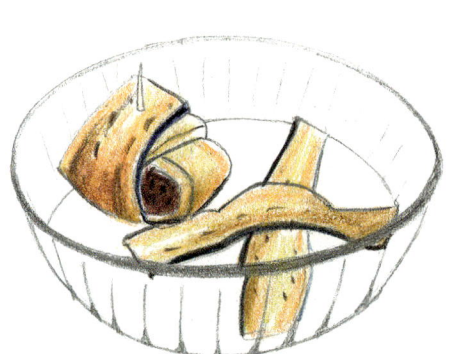

der Aufwand lohnt sich

Islim Kebabı

»AUBERGINENBLUMEN« MIT HACKFLEISCHBÄLLCHEN

5 Portionen

3 lange schmale Auberginen
Sonnenblumenöl zum Anbraten
1 lange hellgrüne milde Paprika (Carliston),
   in 3 cm langen Streifen
1 Tomate, in 5 Stücke geschnitten
100 g Kaşarkäse (ersatzweise Gouda),
   in 5 Scheiben geschnitten
½ EL Tomatenmark
1 TL Sonnenblumenöl

Hackfleischbällchen
15 g Köfte-Harcı (Gewürzmischung)
50 ml Wasser
1 mittelgroße Zwiebel, gerieben
300 g Hackfleisch
1 Ei
Salz, Pfeffer
Sonnenblumenöl zum Anbraten

Sauce
1 Tomate
etwas Sonnenblumenöl
½ EL Tomatenmark
200 ml Wasser

- Auberginen längs in ½–1 cm dicke Scheiben schneiden, im Sonnenblumenöl anbraten und auf Küchenpapier abtropfen lassen.
- Köfte-Harcı-Gewürzmischung mit dem Wasser vermischen und in einer Schüssel mit Zwiebel, Hackfleisch, Ei, Salz und Pfeffer vermengen.
- Fünf Hackfleischbällchen formen und in Sonnenblumenöl anbraten.
- Zwei Auberginenstreifen über Kreuz legen, ein Hackfleischbällchen darauf setzen, Auberginen einschlagen und mit einem Zahnstocher feststecken. Mit einem weiteren Zahnstocher je ein Stückchen Paprika und Tomate auf die Auberginenpäckchen stecken und in eine Auflaufform stellen.
- Etwas Wasser mit dem Tomatenmark und Sonnenblumenöl verrühren, zu den Auberginen geben und im vorgeheizten Backofen etwa 10 Min. bei 250 °C backen.
- Etwa 3 Min. vor Schluss eine Scheibe Kaşarkäse auf die Zahnstocherspitze stecken und noch 3 Min. im heißen Backofen überbacken.
- Für die Sauce eine Tomate so reiben, dass nur die Schale übrig bleibt.
- Mit dem Öl, Tomatenmark und Wasser aufkochen und etwas reduzieren.
- Zum Anrichten 2 EL Sauce in einen Teller geben und eine »Auberginenblume« daraufsetzen.

Eine Spezialität aus İskilip, einer Stadt in der Nähe von Çorum.

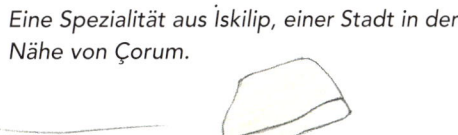

Yoğurt Çorbası
JOGHURTSUPPE

5 Portionen

400 ml Joghurt
300 ml Wasser
1 Ei
2 EL Mehl
3 Prisen Salz
1 EL getrocknete Minze, zerrieben
50 ml Sonnenblumenöl

schnell und erfrischend

- Joghurt, Wasser, Ei, Mehl und Salz in einer Schüssel mit einem Handrührgerät kräftig vermengen.
- Die Masse einmal aufkochen lassen, danach 20–30 Min. auf kleinster Flamme köcheln, immer wieder umrühren.
- Sonnenblumenöl mit der Minze vermischen, in einem Pfännchen erwärmen und vor dem Servieren über die Suppe gießen.

Je nach Region werden dieser Suppe auch Reis, Kichererbsen, Bulgur oder Weizenkörner beigegeben.

İç Pilavı
PILAW MIT RIND

5 Portionen

500 g fettarmes Rindfleisch, klein gewürfelt
2 EL Olivenöl
500 g Reis
75 g Butter
2 EL Sonnenblumenöl
½ Bund Petersilie, fein gehackt
4 EL frischer Dill, fein gehackt
4 EL frische Minze, fein gehackt
1 EL getrockneter Oregano
1 TL Salz

- Rindfleisch im Olivenöl in einem kleinen Topf auf mittlerer Flamme bei geschlossenem Deckel etwa 45 Min. garen.
- Reis eine Stunde wässern, nochmals waschen und abtropfen lassen.
- Butter und Sonnenblumenöl in einer Pfanne schmelzen, Reis dazugeben und leicht anrösten. Kräuter und Salz hinzufügen, kräftig umrühren.
- In einem flachen Topf erst das Fleisch und dann den Reis schichten und mit kochendem Wasser knapp bedecken.
- Bei geschlossenem Deckel einmal aufkochen lassen und 10 Min. bei kleiner Flamme ziehen lassen, dabei den Deckel nicht lüften!
- Zum Anrichten den Reis mit den Fleischwürfeln auf eine flache Form stürzen, damit das Fleisch oben liegt.

Nach Belieben können auch geschälte Mandeln zum Fleisch gegeben werden. Bei diesem Gericht werden statt des Rindfleischs häufig Leber und Rosinen verwendet.

Basma Kadayıf

»ENGELSHAAR« MIT WALNÜSSEN

8–12 Portionen

800 g Zucker
1 l Wasser
400 g frisches Kadayıf (Engelshaar)
100 ml Sonnenblumenöl
250 g Walnüsse, grob gehackt
125 g Butter
1 El Sonnenblumenöl

- Zucker mit Wasser aufsetzen und eine halbe Stunde kochen, bis der Sirup dickflüssig und leicht bräunlich ist. Gut abkühlen lassen.
- Kadayıf (Engelshaar) lockern und mit Sonnenblumenöl gut beträufeln. Die Hälfte in einer feuerfesten Auflaufform verteilen und festdrücken. Mit den Walnüssen bestreuen, die zweite Hälfte Kadayıf einfüllen und sehr gut anpressen.
- Butter mit Sonnenblumenöl schmelzen, über das Kadayıf gießen und etwa 40 Min. im vorgeheizten Backofen bei 250 °C backen bis das Engelshaar goldbraun ist. Kurz abkühlen lassen.
- Das warme Kadayıf in der Form umdrehen, und den kalten Zuckersirup darüber gießen. Entweder gleich essen, dann ist er noch knusprig oder eine Nacht im Kühlschrank durchziehen lassen.
- Zum Anrichten das Kadayıf in kleine Vierecke schneiden.

Eine Süßspeise aus der Stadt Çorum, besonders beliebt zum »Fastenbrechen« im Ramadan und bei Hochzeiten.

richtig orientalisch

Hikmet Özdemir

Hikmet kommt aus Malatya, ist 52 und muslimischer Kurde. Aus erster Ehe hat er zwei Kinder. Seit drei Jahren ist er mit Nurgül Sönmez verheiratet. Sie wohnen im Istanbuler Stadtteil Şişli-Feriköy.

Hikmets Familie zog nach Istanbul als er fünf Jahre alt war. Von Beruf war er Glasritzer, im Moment ist er gerade arbeitslos und kocht zu Hause. Hikmet kocht gerne, weil er sich dabei gut fühlt. Nurgül arbeitet in einer Textilkompanie. In Malatya besitzt Hikmet ein Stück Land. Vielleicht ziehen sie dorthin, denn er und Nurgül überlegen, sich Kühe zu kaufen und auf diesem Landstück Fleisch- und Milchwirtschaft zu betreiben.

Malatya ist berühmt für seine Aprikosen. 80 Prozent aller Aprikosen weltweit kommen aus Malatya. Unzählige Aprikosendesserts, meistens aus Kompott oder getrockneten Aprikosen, stammen aus dieser Gegend.

Die Köfte mit Fleisch, erzählt Hikmet, waren in seiner Kindheit ein Essen für die Reichen. Je ärmer die Leute waren, desto mehr Bulgur und weniger oder gar kein Fleisch wurde verwendet. Köfte sind ein Festessen, wenn Gäste kommen. Hikmet isst, wie die meisten Kurden, gerne Fleisch, außerdem mag er Bohnen, scharfe Speisen, und er trinkt ab und an auch mal ein Glas *Rakı*.

Çiğ Köfte
TARTAR-KÖFTE

5–6 Portionen

4 Knoblauchzehen, geschält
50 g Paprikaflocken (Pul Biber), scharf
50 g *Isot*
1 TL gemahlen Nelkenpfeffer (Piment)
½ Bund glatte Petersilie, feingehackt
etwa 10 schlanke Frühlingszwiebeln, in Röllchen
Saft von einer ½ Zitrone
2 Zwiebeln, feingehackt
300 g Rindertartar
320 g feiner Bulgur
2 TL Salz
2 EL kaltgepresstes Olivenöl
2 EL Granatapfelkonzentrat
1 Kopf grüner Salat
1 Bund frische Minze

- Knoblauchzehen in einen Plastikbeutel geben und mit einem Hammer feinklopfen.
- Paprikaflocken (*Pul Biber*), *Isot* und Nelkenpfeffer in Wasser einweichen.
- Von den Frühlingszwiebeln nur das Grüne verwenden und fein schneiden.
- Bulgur, Salz, Knoblauch und Zwiebeln gut vermischen. Die eingeweichten Gewürze dazugeben und etwa 10 Min. gut einkneten, Tartar dazugeben und etwa 30 Min. weiterkneten. Es ist wichtig die Hände immer wieder zu befeuchten, weil der Bulgur die Flüssigkeit absorbieren muss.
- Nach etwa 30 Min. Petersilie und Frühlingszwiebeln dazugeben und weiterkneten.
- Granatapfelkonzentrat, Olivenöl und Zitronensaft dazugeben und weiterkneten. Immer wieder die Hände mit Wasser befeuchten. Hikmet knetet die Masse insgesamt ungefähr 1 Stunde und schmeckt zum Ende noch einmal ab.
- Eine Handvoll der Masse in der Faust zu einem Kloß pressen. Die Fingerabdrücke sollen als Muster auf dem *Çiğ Köfte* sichtbar sein (siehe Bild).
- Eine Platte mit Salatblättern und Minzstängel auslegen, und die Köfte darauf anrichten. Sie werden mit etwas Minze in ein Salatblatt gewickelt und von Hand gegessen. Dazu wird Fladenbort (s. S. 39) gegessen und *Rakı* getrunken.

Dieses Rezept stammt Urfa (Südosttürkei). Die Çiğ Köfte *sind cholesterinfrei und Hikmet erzählt, dass die feurigen Gewürze Bakterien abtöten und das Herz kräftigen.*

Tartar mal anders

Yumurtalı Köfte

KÖFTE MIT BULGUR UND EI

5 Portionen

Köfte
1 Ei
½ kg Rinderhack
80 g Bulgur
2 kleine Zwiebeln, fein gehackt
1 TL getrocknete Minze, zerrieben
1 TL getrockneter Thymian, zerrieben
1 TL schwarzer Pfeffer
1 TL Chilipulver
1 TL Salz
1 Eigelb
Sonnenblumenöl

Sauce
2 hellgrüne milde Paprika (Carliston), fein gewürfelt
2 Tomaten, geschält und fein gewürfelt
1 EL Tomatenmark
1 TL Paprikaflocken (Pul Biber), mittelscharf
1 TL schwarzer Pfeffer
1 TL Olivenöl
½ TL Salz
100 ml kochendes Wasser

Dekoration
einige Stängel frische Minze und glatte Petersilie, ein paar grüne Salatblätter

- Das Ei in einem Suppenteller schaumig schlagen, beiseitestellen.
- Für die Köfte Fleisch, Bulgur, Zwiebeln, Kräuter, Gewürze und das Eigelb kräftig miteinander verkneten.
- Aus der Masse runde flache Hackfleischplätzchen formen und im Ei wenden.
- Öl in einer Pfanne erhitzen und die Köfte auf beiden Seiten jeweils etwa 5 Min. anbraten.
- Für die Sauce die Paprika- und Tomatenwürfel in Olivenöl anbraten, Tomatenmark und Gewürze hinzugeben und etwa 15 Min. köcheln lassen.
- 100 ml kochendes Wasser angießen und noch einmal kurz aufkochen lassen.
- Salatblätter sowie die Minz- und Petersilienstängel auf einer Platte auslegen und die Köfte darauf anrichten. Die Sauce in einer Schüssel dazu reichen.

Diese Spezialität aus Matalya heißt auf kurdisch Ponik *und wird traditionell mit Butter zubereitet, aber Hikmet bevorzugt Olivenöl.*

Maş Çorbası

MUNGBOHNENSUPPE MIT TEIGKÜGELCHEN

6 Portionen

125 g Mungbohnen
100 g Kichererbsen
1 große Aubergine
100 g Mehl
50 ml Wasser
2 kleine Zwiebeln, fein gehackt
2 hellgrüne milde Paprika (*Carliston*), fein gehackt
1–2 EL Olivenöl
1 EL Tomatenmark
1 Tomate, geschält und gewürfelt
1 TL schwarzer Pfeffer
1 TL Chilipulver
2 TL Salz
800 ml Wasser

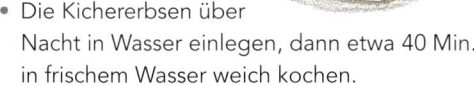

- Die Kichererbsen über Nacht in Wasser einlegen, dann etwa 40 Min. in frischem Wasser weich kochen.
- Die Aubergine waschen, die Schale streifenweise abschälen und in 2–3 cm große Würfel schneiden.
- Mehl und Wasser zu einem Teig kneten und mit »geölten« Händen haselnussgroße Kugeln formen. Beiseitestellen.
- Mungbohnen waschen
- Zwiebeln in Olivenöl glasig anbraten, Paprikastücke und Tomatenmark dazugeben, einige Min. weiterbraten, Mungbohnen, Auberginen- und Tomatenwürfel sowie 200 ml Wasser dazugeben und weitere 30 Min. köcheln lassen.
- 600 ml kochendes Wasser, die Teigkügelchen und die Kichererbsen dazugeben. 1 Stunde weiterkochen. Diese Suppe wird wie eine dicke Minestrone gegessen.

Diese kurdische Spezialität aus Malatya wird vor allem im Winter gegessen.

Cevizli Kayısı Tatlısı

APRIKOSEN MIT WALNÜSSEN

4–5 Portionen

25–30 getrocknete Aprikosen
100 g Walnüsse, grob gehackt
1 EL Butter
50–100 g *Kaymak* (s. S. 135), alternativ Mascarpone

- Die Butter in einer Pfanne ganz leicht anbräunen.
- Die gewaschenen Aprikosen dazugeben und etwa 10 Min. auf kleinem Feuer anbraten.
- Ein Drittel der gehackten Walnüsse dazugeben und weitere 5 Min. auf kleiner Flamme rösten.
- Die Aprikosen-Nussmischung auf Tellern anrichten, mit den restlichen Walnüssen bestreuen und jeweils 1–2 EL *Kaymak* auf die Mischung geben.

Für diese Spezialität nimmt Hikmek bräunliche selbstgetrocknete Aprikosen aus Malatya, die ungeschwefelt sind.

Nilüfer Sönmez

Nilüfer, 40, ist die ersten zehn Jahre in Ostanatolien, in der Provinz Tunceli im Landkreis Mazgirt ausgewachsen. Sie ist Zaza und Alevitin. In der Umgebung von Tunceli leben vorwiegend alevitische Kurden und Zazas. Die Zazas bilden eine eigene Volksgruppe mit einer eigenen Sprache, dem *Zazaki* (türkisch *Zazaca*). Die Aleviten gehören einer islamischen Glaubensrichtung an, die den Menschen in den Mittelpunkt stellt, Männer und Frauen sind gleichgestellt. Nilüfers Vater Musa kommt aus Mazgirt und kann noch die Sprache der Zazas. Die Mutter Neriman kommt aus Elazığ, wo die Frauen berühmt für ihre Kochkunst sind. Ein Fernsehfilm von *Arte* über das kulinarische Ostanatolien zeigt Nilüfers Mutter als beste Köchin der Gegend, besonders berühmt sind ihre Börek. Nilüfer lernte bei ihrer Mutter Kochen.

Der älteste Bruder studierte schon in Istanbul als die Familie nachzog. Die Eltern wollten den sechs Kindern eine gute Ausbildung ermöglichen. Nilüfer besuchte eine Hochschule für Grafikdesign und arbeitet in einer Firma als Graphikdesignerin. Nilüfer lebt gerne in Istanbul, wo sie mit ihrem jüngsten Bruder zusammenwohnt. Sie ist eine moderne Frau, die es liebt, ihren Freunden die Tarotkarten zu legen. Ihre Eltern sind nach Tunceli zurückgekehrt, als ihr Vater mit siebzig Jahren noch zum Bürgermeister des Landkreises Mazgirt gewählt wurde. Alle Kinder sind in Istanbul geblieben.

Nilüfer mag eine abwechslungsreiche internationale Küche und liebt Kuchen und Muffins. Sie kocht aber auch traditionelle Gerichte, besonders gern das Dessert *Aşure*, auch Noahs Suppe genannt, das auch bei Armeniern und Muslimen beliebt ist. Die Aleviten bereiten es am Ende ihrer 12-tägigen Fastenzeit *Muharrem* zu. *Aşure* ist ein nahrhaftes Dessert, das zum Ende des Fastens unter Bekannten, Verwandten und Nachbarn verteilt und gemeinsam gegessen wird.

GEFÜLLTES BROT MIT JOGHURT UND BUTTER

5 Portionen

Teig
1 kg Weizenmehl (Type 1050; Ruchmehl)
600–800 ml Wasser
2 TL Salz
etwas weiche Butter

Sauce
3 Knoblauchzehen, gepresst
500 g Joghurt
200 ml Wasser
150–200 g Butter
Salz

- Mehl in eine Schüssel geben und mit Wasser und Salz einen Teig kneten bis er die Konsistenz eines Ohrläppchens hat.
- Eine Springform mit Butter ausstreichen.
- Den Teig zu einer Kugel formen, flach drücken und so in die Form legen, dass die Form ganz ausgefüllt ist und der Teig etwa 3 cm dick ist.
- Bei 200 °C eine Stunde im vorgeheizten Backofen backen.
- Das Brot etwas abkühlen lassen und aus der Form nehmen, mit einem scharfen Messer einen runden Deckel herausschneiden (etwa 1 cm Rand stehen lassen) und etwas abkühlen lassen.
- Mit einem Messer oder Löffel das weiche Brotinnere von der Kruste lösen, mit den Fingern zerzupfen und ins hohle Brot zurückgeben. Auch der Deckel wird zerbröselt und eingefüllt.
- Den gepressten Knoblauch (Nilüfer schlägt die Zehen in einem Plastiksäckchen mit dem Hammer fein) mit dem Joghurt und dem Wasser mischen.
- Die Butter erhitzen bis sie nussbraun ist und über das gefüllte Brot gießen.
- Den Knoblauchjoghurt darüber gießen und servieren. Jeder bekommt einen Löffel und isst direkt aus dem Brotlaib.

Dieses Rezept ist sehr alt und stammt aus Ostanatolien, speziell aus Tunceli. Auf kurdisch heißt es Babiko. *Nilüfers Mutter macht* Zerafet *riesengroß, damit ganz viele Leute im Dorf davon essen können. Beim Zerbröseln des Brotes für dieses Rezept haben Nilüfer und ihre Schwester arg gestöhnt, denn: »Sonst hat das immer unsere Mutter gemacht.«*

Çoban Salatası
HIRTENSALAT

4 Portionen

2–4 mittelgroße Tomaten
2 kleine Gurken
1 mittelgroße Zwiebel
1 grüne Peperoni
1 Bund Petersilie, gehackt
Salz
Saft von 1 Zitrone
50 ml Olivenöl
ein paar Minzenblätter

Der türkische Salatklassiker

- Alle Gemüse in ½–1 cm große Würfel schneiden. Petersilie dazugeben.
- Salz, Zitronensaft und Olivenöl kräftig verrühren, über den Salat gießen und sorgfältig vermengen.
- Mit Minzenblättern bestreuen. Nach Belieben mit Oliven oder Schafskäse garnieren.

Der Hirtensalat ist der wohl bekannteste türkische Salat.

Kısır
BULGUR-SALAT AUS SIVAS

4 Portionen

150 g feiner Bulgur
1 EL Tomatenmark
1 EL Paprikamark, scharf oder mild
½ TL Kreuzkümmel, gemahlen
½ TL Paprikapulver edelsüß
2 EL getrocknete Minze, zerrieben
4 Frühlingszwiebeln in Röllchen
2 Bund glatte Petersilie, gehackt
1 Bund frische Minze, gehackt
2 EL Olivenöl
1 EL Granatapfelkonzentrat
Saft von 1 Zitrone

- Bulgur in einen Topf geben, 200 ml kochendes Wasser hinzufügen und bei geschlossenem Deckel quellen lassen. Nach etwa 15 Min. sollte er nicht mehr hart sein, aber noch Biss haben. Mit einem Holzlöffel kräftig rühren, damit die Masse abkühlt und locker wird.
- Tomaten- und Paprikamark hinzufügen, kräftig rühren und Kreuzkümmel, Paprikapulver und die getrocknete Minze einstreuen.
- Frühlingszwiebeln (möglichst viel grün), Petersilie und frische Minze hinzufügen.
- Öl dazugeben, mit Granatapfelkonzentrat und Zitronensaft abschmecken. (Salz ist meist ausreichend im Tomaten- und Paprikamark enthalten.)
- Nach Belieben eine geschälte und entkernte Tomate kleingewürfelt dazugeben.
- Dazu können frische Salatblätter und Gurkenscheiben gereicht werden.

Einfach und schnell in der Zubereitung ist dieser Salat, zu dem man in der Türkei Tee serviert. Die Zutaten variieren je nach Region.

Aşure

NOAHS SÜSSE SUPPE

10 Portionen

320 g Weizenkörner
160 g Kichererbsen
160 g weiße Bohnen
9 getrocknete Feigen
70 g getrocknete Aprikosen
150 g helle Rosinen
100 g ganze Haselnüsse, geschält
100 g ganze Mandeln, geschält
1 Zimtstange
200 g Zucker
1–1,5 l Wasser
Walnüsse, Mandeln, Pistazien oder
   Granatapfelkerne zur Dekoration

- Weizenkörner, Kichererbsen und Bohnen über Nacht in Wasser einweichen.
- Feigen und Aprikosen vierteln oder achteln und mit den Rosinen in Wasser einweichen.
- Weizenkörner, Bohnen und Kichererbsen etwa 30 Min. in frischem Wasser weichkochen. Haselnüsse und Mandeln dazugeben.
- Die Zimtstange halbieren und dazugeben.
- 1–1,5 Liter kochendes Wasser angießen.
- Nach etwa 30 Min. kommen die eingeweichten Trockenfrüchte dazu, die Zimtstange entfernen und Zucker dazugeben. Wenn nötig Wasser nachgießen und nochmals eine gute Stunde kochen. Die Aşure darf recht flüssig sein.
- Den Topf vom Feuer nehmen und 30 Min. mit geschlossenem Deckel stehen lassen.
- Die Masse, die immer noch flüssig sein soll, in Schälchen abfüllen und kühl stellen, sie dickt dann nach.
- Nach Belieben mit Walnüssen, Mandeln, grünen Pistazien oder Granatapfelkernen garnieren. In manchen Rezepten werden auch Esskastanien und Saubohnen verwandt.

Aşure ist eine aus mind. zwölf verschiedenen Zutaten bestehende Süßspeise. Die Zutaten können variieren. Die Zahl 12 symbolisiert die zwölf Imame. Nach der Legende kochte Noah, nachdem er die Arche verlassen hatte, aus allen Resten zum ersten Mal diese Suppe.

%100 Ekolojik Pazar

Der biologische Wochenmarkt Istanbuls findet samstags von 8 Uhr früh bis 17 Uhr im Stadtteil Feriköy-Şişli statt. Er entstand auf Initiative von Buğday, einem Netzwerk zur Förderung der ökologischen Landwirtschaft. Die Bauern organisieren den Verkauf selbst. Dank des Direktverkaufs entsprechen die Preise für die biologischen Produkte den üblichen Verkaufspreisen. Es gibt Marktstände aus den verschiedensten Regionen der Türkei. Neben vielfältigen Gemüse-, Früchte- und Getreidesorten gibt es Olivenöl, Honig, Biowein, aber auch Kleidung, Reinigungsmittel und Geschenkartikel. An einem Marktstand werden alte Gemüse- und Fruchtsorten verkauft. Besucher des Marktes können in aller Ruhe frühstücken oder andere kleine Gerichte zu sich nehmen. Neben dem türkischen Frühstück gibt es auch *Mantı, Gözleme, Lahmacun, Mercimek Köfte, Kete*, Kuchen, Plätzchen und vieles mehr. Alle Speisen werden mit biologischen Zutaten zubereitet.

Kahvaltı Tabağı
TÜRKISCHES FRÜHSTÜCK

1 Tomate, in Scheiben
2–3 hellgrüne milde Paprika (*Carliston*), in Streifen
2–3 Stängel Petersilie, zum Garnieren
¼ Gurke, gewürfelt
6 schwarze Oliven
30–50 g weißer Schafs- oder Kuhmilchkäse (*Beyaz Peynir*), gewürfelt
1 Ei
Honig
Butter
Brot

- Tomaten, Paprika, Gurke mit den Oliven und dem Käse, mit Petersilie garniert auf einem Teller anrichten. Das Ei weich oder hart kochen. Honig *Bal* und Marmelade *Reçel* in Töpfchen auf den Teller stellen. Gerne wird auch Sesampaste mit Traubenkonzentrat vermischt gegessen (*Tahin-Pekmez*).
- Dazu gibt es Weißbrot, *Somun Ekmek*, Fladenbrot, *Pide*, oder Sesamkringel, *Simit*.
- Dazu wird Schwarztee, *Çay*, getrunken.

Kars ve Erzincan'dan Kete

HEFEGEBÄCK AUS KARS UND ERZINCAN

5 Portionen

Teig
500 g Mehl
20 g frische Hefe
200 ml Milch
½ TL Zucker
100 g Butter
50 ml Olivenöl
2 EL Joghurt
1 Prise Salz

Füllung
100 g Mehl
60 g Butter
50 ml Olivenöl
25 g Walnüsse, grob gehackt
1 Eigelb
etwas Schwarzkümmelsamen

- Zwei Drittel des Mehls in eine Schüssel geben.
- Hefe in lauwarmer Milch mit dem Zucker auflösen. Die Butter schmelzen lassen. Beides mit dem Olivenöl, Joghurt und Salz zum Mehl geben und zu einem elastischen Teig verkneten. Mehl dazugeben bis der Teig nicht mehr an den Händen klebt (Ohrläppchenkonsistenz).
- Den Teig um die Hälfte seine Volumens aufgehen lassen, nicht um das Doppelte.
- Etwa zitronengroße Bälle formen und bedeckt beiseitestellen.
- Für die Füllung das Mehl leicht anrösten, es soll aber nicht braun werden. Bei kleinster Hitze die Butter dazugeben. Olivenöl und Walnüsse dazugeben und bei mittlerer Hitze kurz rühren, die Konsistenz soll dickflüssig sein.
- Die Teigbällchen viereckig ausrollen bis das Teigblatt etwa 3–5 mm dick ist.
- Etwas Füllung in die Mitte geben und alle vier Seiten zu einem Drittel einschlagen. Das gefaltete Teigstück umkehren und mit einer Gabel Muster eindrücken und Löcher stechen, damit das Gebäck sich nicht aufbläht.
- Mit Eigelb bestreichen und Schwarzkümmelsamen bestreuen.
- Bei 200 °C im vorgeheizten Backofen etwa 30 Min. backen bis die *Kete* goldbraun sind.

Gözleme

GEFÜLLTE TEIGTASCHEN

4–5 Portionen

200 g Vollkornmehl
200 g Mehl (Type 405)
240 ml Wasser
10 g Hefe oder Sauerteig
etwas Salz
Olivenöl

- Mehl mit Wasser und Hefe verkneten bis der Teig nicht mehr an den Händen klebt (Ohrläppchenkonsistenz). 1 Stunde gehen lassen bis sich das Volumen verdoppelt hat.
- Tennisballgroße Bällchen formen und rund ausrollen. Das Teigblatt soll ½–1 mm dünn mit einem Durchmesser von etwa 40 cm sein.
- Auf die Hälfte der Teigfläche ein paar EL der jeweiligen Füllung geben und in der Hälfte falten; die Ränder dabei leicht andrücken.
- Die Teigtaschen mit Olivenöl einpinseln und in einer großen Bratpfanne auf beiden Seiten etwa 3 Min. backen.

klassisch türkisch

Füllung 1
500 g Kartoffeln, 1 EL Paprikaflocken (Pul Biber) mittelscharf, 2 EL Sonnenblumenöl, Salz
- Kartoffeln weichkochen und stampfen. Paprikaflocken (Pul Biber) kurz im Sonnenblumenöl rösten, über die Stampfkartoffeln gießen, leicht salzen und vermengen.

Füllung 2
250 g Spinat oder Mangold, 100 g junge, grob gehackte Brennnessel- oder Malvenblätter, 150 g Frühlingszwiebeln in Röllchen, 3 EL Olivenöl, Salz, Pfeffer
- Das Gemüse kurz in Olivenöl andünsten mit Salz und Pfeffer würzen, abkühlen lassen.

Füllung 3
300 g Rinder- oder Lammhack, 1–2 gehackte Zwiebeln, 3 EL Sonnenblumenöl, Salz, schwarzer Pfeffer
- Hackfleisch und Zwiebeln im Öl anbraten, salzen, pfeffern und abkühlen lassen.

Füllung 4
150 g *Beyaz Peynir* oder Fetakäse, 150 g *Lor* Käse oder Ricotta, 50 g glatte Petersilie, gehackt
- Die Käse zerbröckeln und mit der Petersilie mischen.

Lahmacun

TÜRKISCHE PIZZA

4–5 Portionen

Teig
200 g Vollkornmehl
200 g Mehl (Type 405)
240 ml Wasser
10 g Hefe oder Sauerteig
etwas Salz

Belag
3 EL Sonnenblumenöl
300 g Rinder- oder Lammhack
1 rote Paprika, sehr fein gewürfelt
400 g Tomaten, sehr fein gewürfelt
2 Zwiebeln, sehr fein gewürfelt
1 Bund glatte Petersilie, gehackt

Nach Belieben
1–3 Knoblauchzehen
1 TL Sumak
½ TL Kreuzkümmel
½ EL Paprikaflocken (Pul Biber), mittelscharf
Salz, Pfeffer
Zitronensaft

- Mehl mit Wasser und Hefe verkneten bis der Teig nicht mehr an den Händen klebt (Ohrläppchenkonsistenz). 1 Stunde gehen lassen bis sich das Volumen verdoppelt hat.
- Hackfleisch und Gemüse mischen und im Öl anbraten. Petersilie dazugeben, salzen. Nach Belieben können weitere Gewürze wie Knoblauch, Sumak, Kreuzkümmel, Pfeffer beigemischt werden.
- Aus dem Teig 4–5 tennisballgroße Bällchen formen und rund ausrollen. Das Teigblatt soll ½–1 mm dünn mit einem Durchmesser von etwa 40 cm sein.
- Die Fleischgemüsemischung darauf verteilen und wie eine Pizza im vorgeheizten Backofen bei höchster Hitze auf dem Blech backen.
- Wenn der *Lahmacun* fertig gebacken ist, kann man ihn mit Zitronensaft beträufeln und nach Belieben mit Paprikaflocken (Pul Biber), gehackter Petersilie und Zwiebelstückchen bestreuen.

schnell gemacht

Sebahat Fettahoğlu

Sebahat wurde 1944 im Dorf Musadağı (Region Rize) an der östlichen Schwarzmeerküste geboren und stammt aus einer alteingesessenen Familie. Fünf Jahre besuchte sie die Grundschule, danach führte sie den Haushalt und arbeitete in einer Teeplantage. Mit 16 Jahren wurde sie durch eine Ehevermittlung verheiratet, ohne ihren Mann vorher gekannt zu haben. 1973 ist die Familie nach Istanbul gezogen, um den Kindern eine gute Ausbildung zu ermöglichen. Sebahat hat vier Töchter und zwei Söhne. Ihr Mann möchte seit seiner Pensionierung am liebsten an die Ägäis ziehen, aber Sebahat will in Istanbul bleiben, weil ihre Kinder und Enkelkinder hier leben.

Kochen lernte sie bereits mit neun Jahren von ihrer Mutter. Diese kochte der Tochter ein- bis zweimal ein Gericht vor, dann konnte sie es selbst zubereiten. Alle Mädchen im Dorf haben auf diese Weise Kochen gelernt. Die Rezepte für dieses Kochbuch stammen von Sebahats Mutter und Großmutter. Nur das Dessert hat sie selbst abgewandelt. Als eine Tochter schwanger war, hatte diese große Lust auf das *Pepeçi* Dessert. Weil die blauen Weintrauben aber noch nicht reif waren, hat Sebahat das Dessert mit Weichselkirschen gemacht.

Auch Sebahat hat das Kochen ihren Töchtern gezeigt, aber weniger konsequent, weil die Mädchen studierten. Die Küche ist Sebahats Revier, ihr Mann mischt sich da nicht ein. Sebahat kauft mit Vorliebe auf dem lokalen Wochenmarkt ein und kocht etwa drei Stunden täglich. Jeden Morgen läuft sie eine Stunde, dann liest sie im Koran. Sie strickt und liest gerne. Als Erwachsene hat sie einen Kurs für besseres Schreiben und Lesen und einen Korankurs mit Diplom abgeschlossen.

Sie kocht Gerichte aus allen Regionen der Türkei, aber ihre Lieblingsspeise sind die Schwarzkohlwickel. Sebahat hat Zauberhände, meinte ein Freund. In der Ramadanzeit, wenn viele Gäste bewirtet werden müssen, lernte sie, sehr schnell zu arbeiten. Sie knetet, rührt, schlägt und wickelt alles mit den Händen. Immer wieder wäscht sie ihre Hände und trocknet sie mit einem Tuch ab, das niemand in der Familie außer ihr selbst benutzen darf. Ein Sprichwort im Türkischen besagt, dass der Geschmack der Hände zu einem feinen Essen gehört: *Elin lezzeti yemeğe tat katar.*

Ormanlı Çilihtra

KRAUTSTIEL-FISCHFLADEN

4 Portionen

4–6 Mangoldstiele je nach Größe, Blätter in sehr feinen Streifen
4 Frühlingszwiebeln, in Röllchen
1 kleine Tomate, sehr fein gewürfelt
½ Bund glatte Petersilie, fein gehackt
4 Blätter Bataviasalat, in sehr dünnen Streifen
Salz
½ kg frische Sardellen (*Hamsi*), geputzt und entgrätet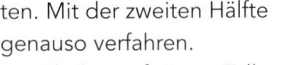
200 ml Maismehl
Sonnenblumenöl

- Gemüse, Petersilie und Salatstreifen miteinander vermengen, salzen und gut verkneten, den Fisch hinzufügen das Maismehl untermischen und wieder kneten.
- Die Hälfte der Masse in einer Teflonpfanne mit wenig Öl wie ein Omelett von beiden Seiten jeweils etwa 5 Min. braten. Mit der zweiten Hälfte genauso verfahren.
- Die Fladen auf einem Teller anrichten, dazu Gurkenstreifen servieren.

Muhlama

SCHWARZMEERFONDUE

4 Portionen

100–150 g İpli Peynir, ersatzweise Gouda, klein gewürfelt
70 g Butter
3 EL Maismehl
200 ml Wasser
½ TL Salz

- Butter schmelzen, Maismehl dazugeben und leicht anrösten. Nach und nach das Wasser dazugießen und rühren, Salz hinzufügen. Wenn die Masse Blasen wirft, den Käse dazugeben, etwa 2 Min. rühren bis er geschmolzen ist. Sofort servieren.
- Die Masse ist dicker als unser Fondue. Sie wird mit dem Löffel abgestochen und portionsweise auf den Teller gelegt.
- Dazu gibt es Fladenbrot (s. S. 39).

Karalahana Sarması

SCHWARZKOHLWICKEL

8 Portionen

1 kg Schwarzkohlblätter, alternativ Schnittkohl, Wirsing oder Weißkohl

Füllung
2 Zwiebeln, sehr fein gehackt
Salz
½–1 Bund glatte Petersilie, sehr fein gehackt
500 g Rinder- oder Lammhack
160 g Reis
100 ml Wasser
1 TL schwarzer Pfeffer
2 TL Paprikaflocken (Pul Biber)

Sauce
50 ml Olivenöl
1–2 EL Paprikapüree
Salz
50 ml Wasser

- Zwiebelwürfelchen mit Salz bestreuen und kneten. Petersilie, Fleisch, Reis, Wasser, Pfeffer und Paprikaflocken (Pul Biber) dazugeben und noch einmal gut durchkneten.
- Die Kohlblätter 10 Min. in Salzwasser kochen, dann sofort kalt abspritzen. Die Blatthälften von der Mittelrippe abtrennen, aus den Blatthälften werden die Wickel gemacht.
- Etwa einen ½ EL Füllung auf eine Blatthälfte legen, von drei Seiten einschlagen und wickeln.
- Die Wickel werden dicht aneinander in einen Topf geschichtet. Den Topf nicht ganz ausfüllen, da die Reiskörner in der Füllung ja noch quellen. Wasser hinzufügen, bis die Wickel knapp bedeckt sind.
- Die Zutaten der Sauce miteinander verrühren und über die Wickel gießen. Den Topf zudecken und 60 Min. auf kleiner Flamme köcheln lassen. Die Wickel werden warm serviert.

Dieses Gericht ist in der Schwarzmeerküche unverzichtbar. Bei einer Einladung wird gemeckert, wenn es keine Sarma gibt. Die Wickel gelten als wertvoll, weil sie in der Zubereitung aufwendig sind. Sie können auch aus Weißkohlblättern gemacht werden, nur sind diese nicht so reißfest wie die Schwarzkohlblätter.

die Schwarzmeervariante der gefüllten Weinblätter

Pepeçi
TRAUBENDESSERT

5–6 Portionen

2 kg blaue Weintrauben
400 ml Wasser
200 g Maismehl
200 g Zucker

sehr altes Rezept

- Weintrauben mit dem Wasser aufkochen.
- Durch ein Tuch seihen und ausdrücken, um den Saft zu gewinnen.
- Maismehl und Zucker zum Saft geben und zusammen aufkochen, immer wieder umrühren. 10 Min. auf kleiner Flamme einkochen lassen, ständig rühren.
- Die Masse heiß in die Schalen füllen und kaltstellen.

Ein typisches Schwarzmeer-Dessert. Mit Weichselkirschen schmeckt es säuerlicher als mit Trauben.

Ayva Tatlısı
GEFÜLLTE QUITTE

4 Portionen

2 Quitten
100 g Zucker
½ l Wasser
Saft 1 Zitrone
3 Nelken
100 g Kaymak
Pistazien

- Quitten schälen, halbieren und das Kerngehäuse mit einem Esslöffel herauskratzen und beiseitelegen.
- Zucker in einen Topf mit dem Wasser streuen und kochen, bis sich der Zucker aufgelöst hat. Zitronensaft und die Nelken dazugeben, umrühren.
- Die Quittenhälften und die Kerngehäuse in den Sirup legen, etwa 10 Min. bei mittlerer Hitze köcheln und im Saft stehenlassen. Das ergibt die schöne Farbe.
- Die Quittenhälften in eine Auflaufform legen. Sirup durchsieben und über die Quitten gießen. Etwa 1 Std. bei 200 °C im vorgeheizten Backofen garen bis die Quitten weich sind. Auskühlen lassen.
- Die Quittenhälften auf Tellern anrichten, mit etwas Sirup begießen, je 1 EL *Kaymak* (s. S. 135) darübergeben und mit Pistazien bestreuen.

Özlem Tuna

Özlems Großeltern väterlicherseits emigrierten nach dem Ersten Weltkrieg aus Rumänien in die Türkei; ihre Großeltern mütterlicherseits sind Griechen aus Saloniki. Özlem ist 40 Jahre alt und an der Ägäisküste in Balıksehir-Burhaniye, in der Nähe von Izmir, aufgewachsen. Özlems Eltern sind Intellektuelle, der Vater ist Archäologe und die Mutter Mathematiklehrerin. Die Familie ihres Vaters besaß ein *Meyhane*, eine Bäckerei und ein Hotel. Özlem ist sehr freiheitlich erzogen worden. Die Eltern haben ihr auch religiöse Freiheit gelassen, was in der Türkei sehr ungewöhnlich ist. Nach der Grundschule besuchte sie drei Jahre eine Mädchenschule. Özlem konnte zwischen Malerei, Stickerei, Nähen und Kochen wählen und hat sich für die türkische Küche entschieden. Obwohl ihre Mutter nicht gekocht hat, begann Özlem schon als Kind zu kochen und experimentiert immer noch außergewöhnlich gerne in der Küche.
Sie studierte in Istanbul an der Universität Keramik und verschiedenen Drucktechniken. Danach lebte sie drei Jahre in England, heiratete einen Engländer und kehrte mit ihm nach Istanbul zurück. Hier lernte sie in verschiedenen Betrieben Schmuckherstellung und Design. Seit 2007 führt sie ihre eigene Schmuck- und Keramikboutique in Sultanahmet. Sie ist alleinerziehende Mutter der 12-jährigen Kapris.
Özlem kocht gern die Rezepte ihrer rumänischen Großmutter sowie traditionelle türkische Speisen und lässt sich auch von der internationalen Küche beeinflussen. Zur Zeit entwickelt sie sieben Gerichte mit Mohnsamen (*Haşhaş*) und entwirft dazu die passende Keramik. Özlem isst am liebsten Gemüse und Fisch.

Peynirli Patlıcan
AUBERGINEN MIT ZIEGENKÄSE

4 Portionen

3 Auberginen
250–350 g weißer scharfer Ziegenkäse oder Schafsfeta
2 EL glatte Petersilie, gehackt
1 TL Paprikaflocken (Pul Biber)
1 Eigelb

Ausbackteig
2 Eier
1 Eiweiß
1 TL Mehl
4–6 EL Olivenöl

- Auberginen waschen, die Schale streifenweise abschälen und die Frucht je nach Größe 1–2 mal längs und quer halbieren, diese Viertel wiederum längs bis auf einen Zentimeter einschneiden. Die Auberginenstücke in Salzwasser legen, damit die Bitterstoffe entweichen.
- Für die Füllung den Käse zerbröckeln. Petersilie, Paprikaflocken (Pul Biber) und Eigelb hinzufügen, gut mischen.
- Die Auberginenstücke aus dem Wasser nehmen und jeweils etwa einen Esslöffel Füllung in die Spalten verteilen (siehe Bild S. 88/89).
- Für den Ausbackteig Ei und Eiweiß mit dem Mehl schaumig schlagen.
- Olivenöl in einer Pfanne erhitzen. Die gefüllten Auberginenstücke in der Ei-Mehl-Mischung wenden und im Öl auf beiden Seiten insgesamt etwa 12 Min. ausbacken.
- Herausnehmen, auf Küchenpapier abtropfen lassen.

Diese gebackenen Auberginen schmecken auch kalt sehr gut.

Domates Salatası
TOMATENSALAT

3–4 Portionen

3 große Tomaten, klein gewürfelt
1 Bund frischer Thymian, Blätter gehackt
Saft von ½ Zitrone
2 EL Olivenöl
Salz

- Alle Zutaten miteinander vermengen und vor dem Servieren etwa eine halbe Stunde ziehen lassen.

Yeşil Salata

GRÜNER SALAT NACH ÖZLEM

Die Mengen nach eigenem Geschmack bestimmen

Rucola, geputzt
Dill, fein gehackt
glatte Petersilie, fein gehackt
frische Minze, fein gehackt
Zwiebeln, sehr fein gehackt
Zitronensaft
Olivenöl
Granatapfelkonzentrat
Salz
Paprikaflocken (Pul Biber)

- Alle Zutaten miteinander vermengen und sofort servieren.

Irmik Helvası

GRIESSHELVA

10–12 Portionen

500 ml Milch
500 ml Wasser
500 g Zucker
200 g Butter
500 g Grieß

Dekoration
Pinienkerne, Zitronen- oder Orangenschale, Zimt und frische Minzblätter

einfach und traditionell

- Milch, Wasser und Zucker in einem Topf aufkochen. Der Zucker muss ganz aufgelöst sein.
- In einer Pfanne die Butter mit dem Grieß anrösten, dabei mit einem Holzlöffel rühren bis der Grieß ganz leicht angebräunt ist.
- Mit einer Kelle die heiße Flüssigkeit zum Grieß gießen und unter kräftigem Rühren etwa 5 Min. kochen.
- In Schälchen füllen und mit Pinienkernen, Orangen- oder Zitronenschale, Zimt oder Minze dekorieren. Das *Helva* wird gerne warm gegessen.
- Vanilleeis oder *Kaymak* (s. S. 135) passen gut dazu.

In der Türkei werden Helva *aus Grieß, Mehl oder Sesampaste gemacht.*

Zeytinyağlı Biber Dolması
GEFÜLLTE PAPRIKA AUS DER ÄGÄIS

6 Portionen

180 g grober Bulgur
12 Stück (etwa 500 g) kleine grüne Gemüsepaprika (*Carliston*)
1 mittelgroße Zwiebel, fein gehackt
6 kleine Frühlingszwiebeln, in Röllchen
2–3 EL glatte Petersilie, gehackt
2–3 EL frische Minze, gehackt
2–3 EL Dill, gehackt
1 TL Paprikaflocken (Pul Biber)
½ TL Salz
½ TL schwarzer Pfeffer aus der Mühle
4 EL Olivenöl
2 Tomaten, davon kleine Deckel abschneiden
4 EL *Kaymak*-Joghurt
1 Ei

- Bulgur etwa 15 Min. in reichlich Wasser einweichen.
- Paprika waschen, Stiele eindrücken und entfernen.
- Zwiebel, Frühlingszwiebeln, Petersilie, Minze und Dill mit Paprikaflocken (Pul Biber), Salz und Pfeffer vermengen.
- Bulgurwasser abgießen, Bulgur sowie 1 EL Olivenöl mit der Zwiebel-Kräuter-Masse mischen.
- Die Mischung mit einem Teelöffel in die Paprikaschoten füllen und mit einem Tomatendeckel bedecken.
- Die gefüllten Paprika dicht nebeneinander in einen Topf stellen, Wasser bis etwa zur halben Höhe der Paprika angießen, 3 EL Olivenöl dazugeben.
- Bei geschlossenem Deckel einmal aufkochen lassen, dann max. 10 Min. auf mittlerer Flamme garen.
- Paprika herausnehmen und in eine feuerfeste Form stellen, die Kochflüssigkeit darübergießen.
- Den mit dem Ei verquirlten *Kaymak*-Joghurt über die Paprika löffeln, und das Ganze im vorgeheizten Backofen 60 Min. bei 180 °C backen.

Yorgi Okumuş

Yorgi ist ein »Rum«, ein Grieche der Türkei. Er wird bald 90 Jahre alt und kommt noch jeden Tag außer sonntags in sein Restaurant İmroz, das in einer Seitengasse des Balıkpazarı, des Fischmarkts in Beyoğlu, liegt. İmroz ist eine der ältesten und letzten rumischen Meyhane in Istanbul. Imvros (türkisch İmroz) ist auch der griechische Name der heute türkischen Insel Gökçeada. Von da stammen Yorgi und seine griechisch-orthodoxen Vorfahren. Die Ägäisinsel nahe den Dardanellen gehörte im Mittelalter zum Byzantinischen und in der Renaissance zum Osmanischen Reich. Yorgis Vater war Lehrer auf Gökçeada. Yorgi ist vor 70 Jahren nach Istanbul gekommen. Das erste İmroz wurde 1941 gegründet, dort arbeitete Yorgi anfangs als Kellner, und dort lernte er auch seinen heutigen Partner Mustafa Yıldırım kennen. Mustafa ist 50 Jahre alt und Türke aus Antalya. Zusammen übernahmen sie 1974 das Restaurant İmroz. Weil das Haus 1982 abgerissen werden sollte, zogen sie in die Räume einer ehemaligen Wäscherei in der Nevizade Sokak. Es war eines der ersten Restaurants in dieser Gasse. Heute wimmelt es hier und in den Seitenstraßen der Flanier- und Kulturmeile İstiklal Caddesi und rund um den Fischmarkt von Speiselokalen. Yorgi hat zwei Söhne. Der eine arbeitet im İmroz. Er erzählt, wie er einmal einen berühmten türkischen Koch im Team hatte, der in Teheran für den Schah gekocht hat. Das İmroz und Yorgi sind ein Begriff in Istanbul, seine Meyhane kommt sogar in Petros Markaris Krimi *Die Kinderfrau* vor, wo der griechische Kommissar Kostas Charitos in Istanbul ermittelt und im İmroz mit seiner Frau essen geht. Im İmroz wird eine große Palette an kalten und warmen Vorspeisen (*Meze*) angeboten. Griechen und Armenier sind bekannt für die besten *Meze*. Es gibt aber auch Fleisch- und viele Fischgerichte und natürlich Süßspeisen. Eine Mezetafel beginnt mit kleinen kalten Gerichten, häufig Gemüse- und Joghurtspeisen, gefolgt von *Dolma*, gefülltem Gemüse mit Reis, Rosinen und Pinienkernen. Danach gibt es verschiedene Fischgerichte und zum Schluss warme Vorspeisen wie *Börek* oder *Köfte*. So eine Mezetafel lässt kaum mehr Platz für Hauptgerichte. Traditionell wird dazu *Rakı* getrunken.

Soslu Torik
EINGELEGTER BONITO

4 Portionen

1 unechter Bonito (*Palamut*)
100 ml Olivenöl
2 EL Senf
100 ml Essig
100 ml Zitronenessig
5 g schwarze Pfefferkörner
1 EL frischer Thymian, fein gehackt
2 Knoblauchzehen, gepresst
3–4 Lorbeerblätter

- Die Fischfilets ohne Haut in mundgerechte Stücke schneiden.
- Öl, Essig und Gewürze zu einer Marinade mischen und über die Fischstücke gießen. Sie müssen von der Marinade bedeckt sein.
- Zwei Tage an einem kühlen Ort marinieren.

Ein klassisches Meze

Acılı Ezme
SCHARFES TOMATENPÜREE

4 Portionen

1 kg Tomaten, geschält und fein gehackt
1 Bund Dill, fein gehackt
1 Bund glatte Petersilie, fein gehackt
1 Bund Frühlingszwiebeln, in Röllchen
1 Bund frische Minze, fein gehackt
100 g Tomatenmark
50 g Paprikaflocken (Pul Biber), scharf
100 ml Olivenöl

- Mit einer Gabel alle Zutaten mit Tomatenmark, Paprikaflocken (Pul Biber) und Olivenöl gut vermengen und etwas zerdrücken. Mind. 1 Stunde ziehen lassen. Dazu passt geröstetes Weißbrot.

Köpoğlu
FRITTIERTES GEMÜSE IN JOGHURT

4 Portionen

1 Aubergine
1 Zucchini
300 ml Olivenöl
1 Knoblauchzehe, gepresst
250 g *Süzme*-Joghurt (10% Fettanteil)
3 EL Olivenöl
etwas Salz
etwas Paprikaflocken (Pul Biber), mittelscharf

klassisches Meze

- Aubergine und Zucchini schälen und in daumengroße Stücke schneiden.
- Olivenöl erhitzen und Gemüsestücke darin frittieren bis sie weich sind.
- Auf Haushaltspapier abtropfen und beiseitelegen.
- Knoblauch mit dem Joghurt mischen, salzen und mit den Gemüsestücken vermengen.
- Paprikaflocken (Pul Biber) 2 Min. im Olivenöl anrösten und über das Gemüse gießen.

Auch Karotten, Paprika oder Kartoffeln eignen sich als Gemüse für dieses Gericht.

Keziban Altındiş

Keziban, 46, stammt aus Kayseri. Sie ist mit ihren drei Kindern, Yasin, Aykut und Pembegül, und ihrem Mann Rasim 1997 nach Istanbul gezogen, denn hier hat Rasim Arbeit gefunden und den Kindern bieten sich bessere Ausbildungs- und Berufsaussichten. Keziban ist Hausfrau. Sie kocht ein bis zwei Stunden am Tag und wie ihre Mutter und Großmutter viele traditionelle Gerichte aus Kayseri, aber auch andere türkische Speisen. Aus Kayseri stammen auch Kezibans Lieblingsgerichte, die bekannten *Mantı* sowie *Pastırma*, ein mit einer Gewürzpaste umhülltes, luftgetrocknetes Rindfleisch. Keziban ist gläubige Muslimin. Während des Ramadan kocht sie aufwendiger. Sie steht dann um vier Uhr morgens auf und bereitet das Frühstück, das *Sahur*. Nachdem der Muezzin das Gebet gesprochen hat, wird bis Sonnenuntergang nichts mehr gegessen. Dann ist Fastenbrechen, das *Iftar*, wozu üblicherweise Gäste eingeladen werden. Zum Fastenbrechen stellt Keziban ein Schälchen mit Datteln auf den Tisch. Dann serviert sie *Mantı*, Salat, *Pilaw* und grüne Bohnen. Zum Dessert gibt es *Baklava*. Es sollen viele Speisen und immer auch ein Dessert auf dem Tisch stehen. Das Fasten ist ein sozialer Akt, weil sich alle Gläubigen mit Ausnahme von Kindern, schwangeren Frauen, Alten und Kranken daran beteiligen. Es erinnert aber auch an die Armut, man soll spüren wie sich ein leerer Magen anfühlt.

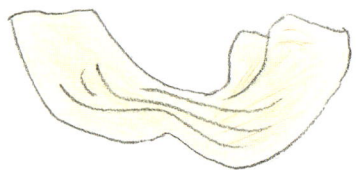  

mit gekauftem Yufkateig ge

Gül Baklavası
ROSENBAKLAVA

Für 1 Blech

Füllung
300 g Walnüsse, fein gehackt
100 g Zucker

Yufkateig (oder Filoteig, gibt es beides auch fertig zu kaufen)
500 g Mehl
100 ml Sonnenblumenöl
200 ml Wasser
1 Ei
1 TL Essig
3 Tropfen Zitronensaft
1 EL Joghurt
500 ml Sonnenblumenöl
500 g Maisstärke

Zuckersirup
1 l Wasser
800 g Zucker

- Nüsse und Zucker mischen. Beiseitestellen.
- Alle Zutaten für den Teig mit Ausnahme der Maisstärke mischen, verkneten und 1 Stunde ruhen lassen.
- Den Teig zu etwa zitronengroßen Kugeln formen und mit einem feuchten Tuch bedecken.
- Die Kugeln einzeln rund ausrollen, dabei den Teig immer wieder mit Maisstärke bestreuen. Maisstärke wird anstelle von Mehl verwendet, weil so der Teig dünner ausgerollt werden kann. Der Teig soll hauchdünn sein, wie Seidenpapier.
- Das runde Teigblatt mit einem scharfen Messer vierteln. Jedes Viertel zu einem Hufeisen zusammenraffen (siehe Bilder), und auf eine Ecke etwas von der Nuss-Zucker-Mischung geben. Diese Ecke einklappen und das andere Ende darüber schlagen. Dann das Baklava nochmals falten. So mit allen Teigblättern verfahren.
- Die gefalteten *Baklava*-Rosetten eng nebeneinander auf ein Blech setzen.
- Sonnenblumenöl in einer Pfanne erhitzen, und das heiße Öl mit einem Esslöffel über die *Baklava* träufeln, dann das Blech 20 Min. in den auf 250 °C vorgeheizten Backofen schieben.
- Für den Sirup das Wasser mit dem Zucker aufkochen. Der Sirup ist gut, wenn er vom Teelöffel als Faden herunterfließt. Abkühlen lassen.
- Sirup und *Baklava* müssen lauwarm sein. Nun den Sirup über die fertig gebackenen lauwarmen *Baklava* gießen.
- Man lässt das Blech Mindestens 1 Stunde stehen, damit der Sirup gut einziehen kann.

Baklava, eine uralte Süßspeise, sind Blätter- oder Filoteiggebäcke, die mit Walnüssen, Mandeln oder Pistazien gefüllt, verschieden geschnitten oder gefaltet sind. Sie werden in Sirup, der aus Zucker, Honig, Gewürzen oder Rosenwasser bestehen kann, eingelegt.

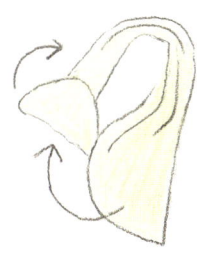
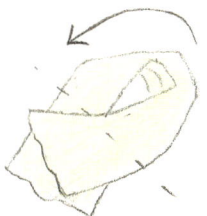
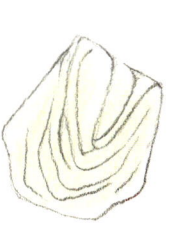

geht schnell

Mantı

GEFÜLLTE TEIGTÄSCHCHEN

6 Portionen

Teig
600 g Mehl
1 Ei
200 ml Wasser
1 TL Salz

Füllung
1 Bund glatte Petersilie, fein gehackt
2 Zwiebeln, fein gehackt
500 g Rinderhack
½ EL Salz
je 1 TL gemahlener Kreuzkümmel, süßes und scharfes Paprikapulver, schwarzer Pfeffer

Joghurtsauce
2 Knoblauchzehen, mit Salz gepresst
1 TL Salz
500 g Joghurt
Paprikaflocken (Pul Biber), mittelscharf

Kochwasser
2½ l Wasser
1 EL Sonnenblumenöl
1 EL Salz
1 EL Tomatenmark

Tomatensauce
½ EL Tomatenmark
½ EL Paprikapüree
3 EL Sonnenblumenöl

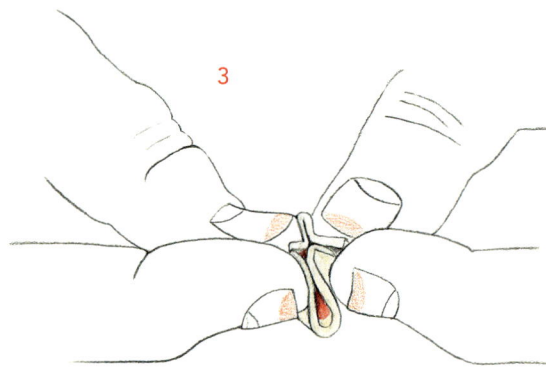

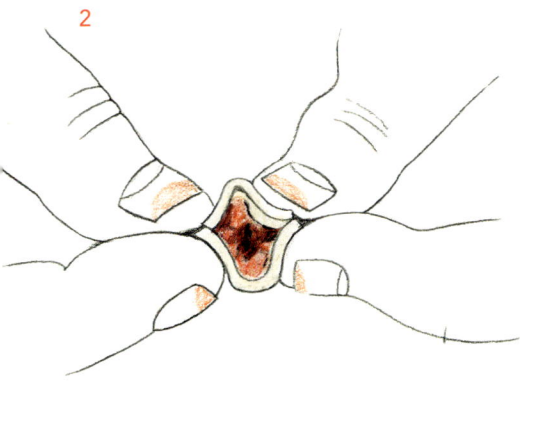

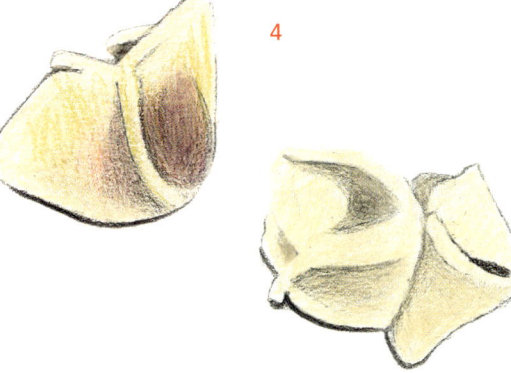

- Aus Mehl, Ei, Wasser und Salz den Teig kneten, bis er die Konsistenz eines Ohrläppchens hat. mind. 60 Min. ruhen lassen.
- Aus dem Teig faustgroße Teigkugeln formen und mit einem feuchten Tuch bedecken.
- Zunächst eine Teigkugel auf einer bemehlten Fläche ausrollen. Das Teigblatt soll etwa 1 mm, also sehr dünn, sein. Das Teigblatt in Quadrate von 3 cm schneiden (siehe Bilder).
- Für die Füllung alle Zutaten gut miteinander vermengen und durchkneten.
- Mit den Fingern jeweils etwa eine Messerspitze der Füllung auf die Teigviereckchen verteilen. Die vier Ecken des Teigquadrats zusammendrücken. Mit den anderen Teigkugeln genauso verfahren.
- Für die Sauce den gepressten Knoblauch mit dem Joghurt mischen. Mit Paprikaflocken (Pul Biber) und Salz abschmecken.
- Das Wasser mit Öl, Salz und Tomatenmark in einem großen Topf aufkochen lassen und die *Mantı* ins kochende Wasser geben, 10–15 Min. sprudelnd kochen lassen. *Mantı*wasser zur Hälfte abgießen. Tomatenmark und Paprikapüree im Öl andünsten und dazugießen.
- Die *Mantı* mit Flüssigkeit in Suppenteller schöpfen.
- Joghurt-Knoblauchsauce in ein Schüsselchen geben. Jeder verteilt 2–3 EL über die *Mantı*. Wer es schärfer mag, streut noch Paprikaflocken (Pul Biber) darüber.

TIPP: Man kann den kurz vorgekneteten Teig in zwei große Gefrierbeutel geben und dann mit den Füssen auf dem Boden bearbeiten.

Mantı sind Teigtaschen, die besonders klein sind. In Kayseri sagt man: »Wenn 40 Mantı auf einem Esslöffel Platz haben, ist die Frau eine fähige Hausfrau.«

Simone, Beril, Hafize und Serpil

Simone Ishaki

Simone und Beril, beide 42 und sephardische Jüdinnen, haben im Jahr 2006 die Home Bakery im Istanbuler Stadtteil Ulus gegründet. Es ist eine Bäckerei mit Verkaufsladen sowie einer lichtdurchfluteten Küche und Backstube. Sie verwenden natürliche, frische Lebensmittel ohne Farb- und Zusatzstoffe, um salziges und süßes Gebäck, Kuchen, Torten, Plätzchen, Pasteten, Quiches und vieles mehr herzustellen. Die Rezepte sind international, türkisch und sephardisch-jüdisch. Sie haben acht Mitarbeiterinnen, und die Atmosphäre unter den Frauen ist ruhig, konzentriert und heiter.

Beril Ibrahimzade

Beril hat ihre Schulzeit in Internaten im Ausland verbracht und ist so auf den Geschmack einer vielfältigen internationalen Küche gekommen. Simone suchte nach dem Tod ihres Mannes nach einer neuen Aufgabe. Im Jahr 2007 haben sie gemeinsam ein Kochbuch herausgegeben. Die Grundlage des Kochbuches waren die Rezepte von Berils Großmutter Sara ergänzt durch moderne Rezepte, die Simone und Beril interessierten, eine ganz persönliche Mischung also. Berils Großmutter war eine gelassene und starke Frau, die alleine mit ihrer Mutter, die aus Russland kam, in Istanbul aufgewachsen ist.

Hafize

Hafize ist Türkin und sie hat Berils Großmutter den Haushalt geführt und für sie gekocht bis diese verstarb. Jetzt arbeitet Hafize noch immer ab und zu in der Home Bakery. Sie hat das Plätzchenrezept Cevizli rulo kurabiye beigesteuert, das von Berils Großmutter stammt und viele Male von Hafize gebacken wurde.

Serpil Köseibiş

Serpil Köseibiş ist Türkin und kam mit 20 Jahren aus Amasya am Schwarzen Meer nach Istanbul. Sie ging acht Jahre zur Schule und arbeitet seit ihrem 16. Lebensjahr als Köchin und Haushälterin in einer Familie aus Gaziantep. Serpil ist eine hervorragende Kennerin der berühmten Gaziantepküche. Für dieses Buch hat sie die gefüllten Auberginen, die Ecce-Köfte und die Linsensuppe beigesteuert. Berühmt sind die Pistazien aus Gaziantep. Spezialitäten sind unter vielen anderen *Fıstık Ezmesi* (Pistazien-Püree), *KarnıYarık* (gefüllte Auberginen), *Patlıcan Kebab* (Auberginen-Spieß).

Sirkeli
GRÜNE LINSENSUPPE

6–8 Portionen

170 g grüne Linsen
80 g grober Bulgur
800 ml Wasser
1 TL Paprikapüree
1 EL Tomatenmark
200 g Portulak, feingeschnitten
4 Knoblauchzehen, gerieben
½ TL Zitronensäure
1 ½ TL Salz
3 EL Sonnenblumenöl
1 TL getrocknete Minze, zerrieben
1 TL Paprikaflocken (Pul Biber), scharf

- Linsen und Bulgur 10 Min. in 800 ml Wasser kochen, dann Paprikapüree und Tomatenmark dazugeben, kräftig verrühren und 1 weitere Min. kochen.
- Portulak, Knoblauch, Zitronensäure und das Salz in die Suppe rühren.
- Kurz weiterkochen und vom Feuer nehmen.
- Öl in einer Pfanne erhitzen, Minze und Schuppenpaprika dazugeben, kurz rösten und über die Suppe gießen.

Cevizli Rulo Kurabiye
WALNUSSPLÄTZCHEN

40–50 Stück

Teig
4 Eier
200 g Zucker
100 ml Sonnenblumenöl
1 TL Backpulver
500 g Mehl

Füllung
125 g Rosinen
200 g Walnüsse, fein gehackt
50 g feiner Zucker oder Puderzucker
1 EL gemahlener Nelkenpfeffer (Piment)
1 Eigelb
30 g Walnüsse, sehr fein gehackt

- Eier, Zucker, Öl, die Hälfte des Backpulvers und Mehl zu einem Teig verkneten.
- Den Teig vierteln, zu Bällchen formen zudecken und kühl stellen.
- Walnüsse mit den Rosinen, dem Zucker und Nelkenpfeffer mischen.
- Die mürben Teigviertel werden vorsichtig auf etwas Öl oder einem Backpapier auf 2 mm ausgerollt.
- Füllung auf die Teigplatte streuen, etwas Rand freilassen und einrollen.
- Die Rolle auf ein Blech mit Backpapier legen und mit einem scharfen Messer leicht diagonal in 2–3 cm dicke Scheiben schneiden und so stehen lassen.
- Mit Eigelb bestreichen und den gehackten Walnüssen bestreuen.
- Bei 170 °C im vorgeheizten Backofen 35–45 Min. backen. Die Plätzchen sollen innen noch etwas feucht sein.

Ecce

EI-HACKFLEISCHBÄLLCHEN

6 Portionen

6–7 Eier
½ kg Rinderhack
6 Knoblauchzehen, gepresst
2 EL Mehl
½ TL Zimt
1 TL Salz
200 ml Sonnenblumenöl zum Frittieren

- Die Eier schaumig schlagen, Hackfleisch, Knoblauch und Mehl hinzugeben mit einer Gabel kräftig vermengen, dann Salz und Zimt darunter mischen. Die Masse ist dickflüssig, nicht fest.
- Öl in einer Pfanne mit hohem Rand erhitzen.
- Mit einem Esslöffel jeweils eine gute Portion der Mischung vorsichtig ins Öl geben, etwa drei oder vier Bällchen auf einmal von beiden Seiten frittieren, bis sie braun sind. Die Bällchen sollen außen knusprig und innen feucht sein. Achtung: Das Öl beginnt mit der Zeit stark zu schäumen.
- Die Bällchen nach dem Braten auf Haushaltspapier abtropfen lassen.

Mehshifranca

GEFÜLLTE AUBERGINEN

3 Portionen

200 g Rindfleisch (Gulasch), gewürfelt
3 Auberginen,
6 Tomaten, gewürfelt (etwa 2 x 2 cm)
2 hellgrüne milde Paprika (*Carliston*), fein gewürfelt
250 g Rinderhack
80 g Reis, ungekocht
½ TL schwarzer Pfeffer
1 Prise Zimt
1 TL gemahlener Nelkenpfeffer (Piment)
1 TL Salz
1 EL Sonnenblumenöl
1 EL Tomatenmark
1 ½ EL Zucker
½ EL Zitronensäure
1 Prise Salz
1 EL Olivenöl

- Rindfleisch etwa 30 Min. in Salzwasser kochen, dann in der Brühe beiseitestellen.
- Auberginen quer (nicht längs) halbieren und mit einem Messer aushöhlen.
- Das Rinderhack und den ungekochten Reis mischen. Pfeffer, Zimt, Nelkenpfeffer und Salz daruntermischen.
- Die ausgehöhlten Auberginen mit dieser Masse jeweils bis fast an den Rand füllen.
- Öl in einem Topf erhitzen und die Hälfte der gewürfelten Tomaten und der Paprika dazugeben. Die gefüllten Auberginen sorgfältig darauflegen. Mit der zweiten Hälfte der Tomaten- und Paprikawürfel bedecken.
- Die Rindfleischwürfel aus der Brühe nehmen und zum Gemüse geben, 200 ml der Fleischbrühe aufbewahren.
- Topf bedecken und 25 Min. auf kleinem Feuer garen lassen.
- Die Brühe mit Tomatenmark, Zucker, Zitronensäure, einer Prise Salz und Olivenöl mischen und über die gefüllten Auberginen geben. 10 Min. weiterkochen.

Yüksel Uz

Yüksel, 69, wurde in Sarıkamış in der Provinz Kars, im Nordosten der Türkei, geboren. Mit 27 Jahren hat sie in ihrem Heimatdorf geheiratet. Ihr Mann stammt aus Maraş, einer Stadt im Südosten der Türkei. Nach der Heirat zog das Paar nach Istanbul. Yüksel und ihr Mann sind Tscherkessen, die vor einigen Generationen aus dem Kaukasus zugewandert sind. Die Tscherkessen werden in mehrere Volksstämme unterteilt. Yüksel und ihr Mann gehören zur Volksgruppe der Kuşa.

Yüksel hat fünf Jahre die Dorfschule besucht. Danach hat sie ihrer Tante, einer Schneiderin, geholfen. Mit 17 konnte sie in Erzurum einen Abendkurs für Sticken und Nähen besuchen. Ihr Mann arbeitete in Kars als Mathematik- und Physiklehrer und in Istanbul als Geophysiker an der İTÜ Universität. Yüksel hat drei Töchter. Die Familie wohnt heute in Üsküdar, auf der asiatischen Seite Istanbuls. Hier gab Yüksels Mann jeden Abend Privatunterricht, um seinen niedrigen Lohn aufzubessern. Yüksel durfte eine Singer-Nähmaschine kaufen. Sie hat für sich und ihre Kinder alle Kleider genäht, selbst die Schuluniformen.

Als junge Frau besuchte sie sehr gerne die vielen Freiluftkinos und Theater, die es damals in den verschiedenen Vierteln Istanbuls noch gab und in Salacak/Üsküdar badete sie gerne im Marmarameer. Heute ruht sie sich in ihrer freien Zeit am liebsten aus oder spaziert durchs Viertel. Ihr größter Wunsch ist, gesund zu bleiben und ihre Kinder nicht in Armut zu wissen.

Yüksel lernte bei ihrer Mutter kochen. Sie hat viel im Haushalt geholfen oder das Essen gemacht, wenn die Mutter weg war. Heute kocht sie gerne türkische Gerichte und sieht sich Kochsendungen im Fernsehen an. Nachdem ihre beiden jüngeren Töchter Vegetarierinnen wurden, hat Yüksel beim Rezept Gefüllte grüne Paprika (s. S. 113) das Fleisch durch rote Linsen ersetzt. Diese Variante wird nicht nur von Vegetariern geschätzt. Früher hat Yüksel gerne komplizierte Gerichte zubereitet, aber heutzutage mag sie es weniger aufwendig mit viel Gemüse, das sie auf dem Wochenmarkt im Viertel einkauft.

Mercimekli Biber Dolması

PAPRIKA MIT LINSENFÜLLUNG

5 Portionen

10 kleine grüne Gemüsepaprika
1 große Zwiebel, fein gehackt
1 TL Paprikaflocken (Pul Biber), mittelscharf
½ TL schwarzer Pfeffer
½ TL gemahlener Nelkenpfeffer (Piment)
80 g feiner Bulgur
40 g rote Linsen
80 g Reis
½ Bund glatte Petersilie, fein gehackt
1 EL getrocknete Minze, zerrieben
1 TL Salz
50 ml Olivenöl
3 Tomaten

- Die Paprika waschen, den Stiel eindrücken, entfernen und entkernen.
- Zwiebelwürfel, Paprikaflocken (Pul Biber), schwarzen Pfeffer und Nelkenpfeffer in einen Topf geben.
- Bulgur, Linsen und Reis waschen, abtropfen lassen und Petersilie, Minze, Salz und Öl dazugeben.
- Von den Tomaten kleine Deckel abschneiden und als Bedeckung für die Paprika beiseitestellen. Im Winter kann man auch Tomatenpüree dafür verwenden.
- Das Innere der Tomaten fein hacken, zur Füllung geben und gut vermischen. Die Paprika füllen und einen Tomatendeckel darauf setzen.
- Die gefüllten Paprika dicht nebeneinander in einen Topf stellen und bis zur Hälfte mit Wasser auffüllen.
- Bei geschlossenem Deckel einmal aufkochen lassen und leise köchelnd eine halbe Stunde garen.
- Die gefüllten Paprika werden mit Naturjoghurt serviert und nach Belieben mit getrockneter Minze bestreut.

Wer das Gericht mit der originalen Fleischfüllung möchte, gibt anstelle des Bulgur und der Linsen 300 g Rinder- oder Lammhack zur Füllung.

Velibah

KARTOFFELBÖREK MIT KÄSE

8–10 Portionen / 5–6 Fladen

Teig
1 EL Trockenhefe
1 Stück Würfelzucker
100 ml lauwarmes Wasser
500 g Mehl
1 gestrichener EL Salz
200 ml warme Milch

Füllung
1 kg mehlige Kartoffeln, alternativ mehliger Kürbis
1 Zwiebel
200 g Weißkäse aus Kuhmilch oder Feta
100 ml Milch
Mehl
Butter zum Anbraten und Bestreichen

- Kartoffeln kochen, pellen und noch heiß stampfen, es dürfen keine Kartoffelstückchen im Brei bleiben.
- **Für den Teig** Hefe mit einem Würfelzucker in lauwarmem Wasser anrühren und etwas stehen lassen. Dann in eine Schüssel geben und das Mehl hineinsieben. Salz und die erwärmte Milch dazugeben. Sehr gründlich vermengen, zudecken und mind. 1 Stunde gehen lassen.
- Die Zwiebel in den Kartoffelbrei reiben, den Käse zerbröseln und mit den Händen in den Kartoffelbrei kneten. Die Milch dazugeben und verrühren.
- Mit beiden Händen ein Stück Teig (etwa $1/5$ bis $1/6$) aus der Schüssel nehmen, auf eine bemehlte Fläche legen und mit Mehl bestreuen. Mit bemehlten Händen eine Kugel formen und etwas flach klopfen. In die Mitte des etwa 3 cm dicken runden Teigstücks gleichviel (wieder etwa $1/5$ bis $1/6$) Kartoffelfüllung geben. Mit den Händen vom Rand her den

1

2

Teig vorsichtig hochziehen, bis er die Kartoffelfüllung umschließt. Die Teigkugel schließen, indem der Teig zusammengedrückt wird.
- Dann die Kugel wenden. Jetzt wird der Teig mit mehligen Händen vorsichtig leicht flach geschlagen bis der Fladen etwa die Größe der Pfanne hat und etwa 1 cm dick ist. Yüksel verwendet eine große Bratpfanne. Den Fladen vorsichtig in die Bratpfanne legen und in Butter anbraten. In einer Teflonpfanne kann man auf die Butter verzichten. Kurz heiß anbraten und dann auf kleinerem Feuer beide Seiten goldbraun braten. Der Teig bläht sich beim Braten auf.
- Den Börek auf eine große Platte legen und von beiden Seiten mit Butter bestreichen. Die weiteren Börek darauf schichten. Sie werden wie eine Torte in Stücke geschnitten.
- Traditionell werden die Börekstücke noch mit geschmolzener Butter begossen, heutzutage verzichtet man auf diese zusätzliche Butter und isst stattdessen einen Salat dazu.

Dieses traditionelle Gericht der Kuşa im Kaukasus wird speziell an Hochzeiten und nach der Entlassung der Soldaten aus dem Militärdienst zubereitet. An Hochzeiten machen die Frauen den Börek gemeinsam. Die Zubereitung dieses Börek gilt als sehr schwierig und als eine unmögliche Hürde für eine Braut, die keine Tscherkessin ist. Die jungen Männer im Dorf lauern traditionellerweise auf den Börek, klauen ihn aus der Pfanne und essen ihn auf.

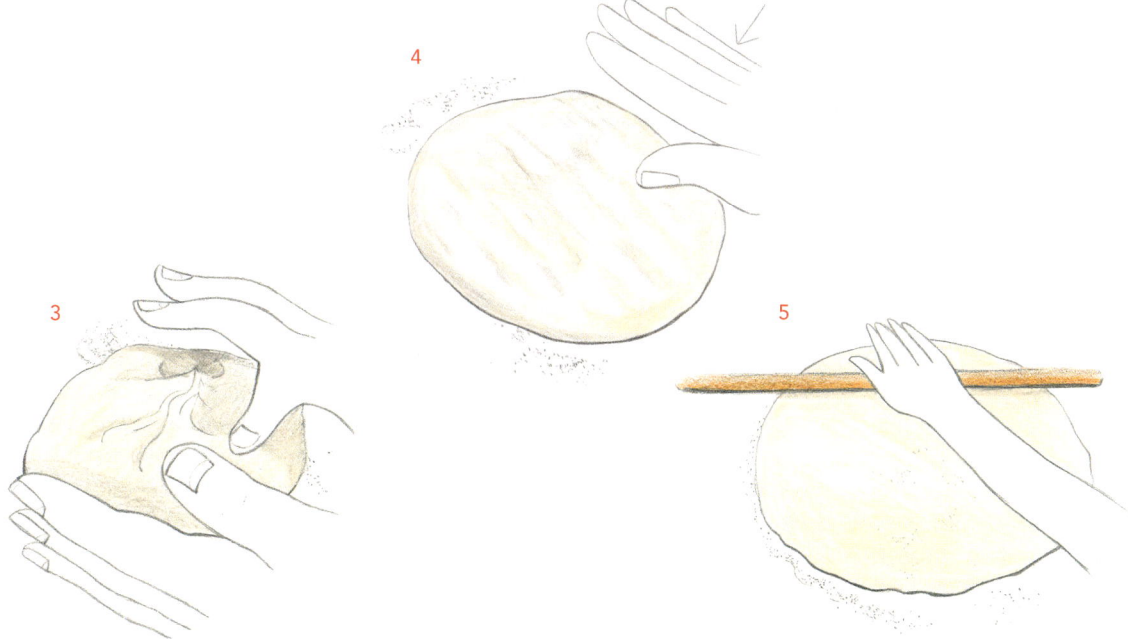

Selma Peşteli

Selma ist in İnegöl, in der Nähe von Bursa, 90 km südlich von Istanbul, aufgewachsen. Sie hat mit 18 geheiratet und dann in Istanbul als Beamtin in der staatlichen Wasserversorgung gearbeitet, um ihrem Mann das Architekturstudium zu ermöglichen. Selma ist heute 53 Jahre alt. Sie lebt getrennt von ihrem Mann und wohnt mit ihrer 93-jährigen Mutter zusammen. Ihr Sohn hat vor kurzem geheiratet. Selmas Urgroßeltern und Großeltern waren muslimische Bosnier aus Mostar, die wie viele Muslime gegen Ende des 19. Jahrhunderts, als Bosnien Herzegowina vom Osmanischen Reich zu Österreich Ungarn übertrat, in die Hauptstadt Istanbul auswanderten. Selma begann sich erst mit der Heirat für das Kochen zu interessieren. Kochen lernte sie mit der bekannten türkischen Kochbibel in zwei Bänden von Ekrem Muhittin Yeğen. Ein Band kostete damals 100 türkische Lira, und sie konnte sich nur Band Eins leisten. Wer hätte gedacht, dass Selma 30 Jahre später im selben Verlag ihr eigenes Kochbuch herausgeben würde! Selma begann sich zunehmend für die bosnische Küche zu interessieren und fragte die Mutter und dann auch andere Bosnierinnen nach ihren Rezepten und schrieb sie auf. Schließlich entstand die Idee ein eigenes Kochbuch herauszugeben. Sie wollte nicht, dass diese Rezepte in Vergessenheit geraten.

Die bosnische Esskultur ist fleischlastig. Früher wurde mehr Schaffleisch als Rindfleisch verwendet. Wegen den klimatischen Bedingungen gab es weniger Gemüse. Wichtige Produkte sind Kartoffeln und Milchprodukte, wie Butter, Joghurt oder Kaymak. Es gibt viele Suppen und der *Börek* mit Fleischfüllung und die *Pitas* mit Gemüse- oder Käsefüllung sind sehr verbreitet. Neben Kartoffeln werden Kohl, Zucchini, Spinat oder weißer Käse dafür verwendet. In der Türkei nennt man beide Zubereitungsarten *Börek*. Erst seit 15 bis 20 Jahren wird anstatt Butter auch Olivenöl verwendet. Typische Getränke sind Ayran, Limonaden, der Pflaumenschnaps Slivovitz oder Rakija. Die bosnische Küche kennt keine scharfen Speisen.

Nach dem Bosnienkrieg kamen neue muslimische Flüchtlinge in die Türkei. Es wurden bosnische Vereine und ein Dachverband gegründet. Der Verein in İnegöl veranstaltet regelmäßig Kartoffelbörek-Essen.

Kompiraça Pita

KARTOFFELBÖREK MIT RIND

3–4 Portionen

4–5 mittelgroße Kartoffeln, sehr klein gewürfelt
1 Zwiebel, fein gehackt
150 g Rinderhack
Salz, Pfeffer
Öl zum Braten
3 Yufkateig-Blätter
50 ml Olivenöl

- Kartoffeln, Zwiebeln und Hackfleisch mit Salz und Pfeffer in Öl anbraten. Abkühlen lassen.
- Die Yufkateig-Blätter mit dem Olivenöl bestreichen und halbieren.
- Die Füllung als Streifen auf eine Teighälfte geben und längs wie eine Roulade einrollen.
- Die Rollen spiralförmig in eine runde eingefettete Blechform legen (siehe Bild auf der vorhergehenden Doppelseite).
- Im auf 180–200 °C vorgeheizten Backofen etwa 45–60 Min. backen, bis der *Börek* goldbraun ist.

Börek wird als Vorspeise, Zwischenmahlzeit und als Hauptspeise gegessen. Der Kartoffelbörek ist die beliebteste Speise der bosnischen Bevölkerungsgruppe in der Türkei. Bosnier werden von der türkischen Bevölkerung auch Kompir Milleti, Kartoffelvolk, **genannt.**

Sljivopita

ZWETSCHGEN AUS DEM OFEN

6 Portionen

1 kg Zwetschgen
50 g Butter
3 EL Mehl
200 g Zucker

- Die Zwetschgen waschen, einschneiden und entsteinen, dabei die beiden Hälften nicht trennen.
- Die Zwetschgen mit der Öffnung nach oben, dicht nebeneinander in eine ofenfeste Form legen.
- Die Butter in Stückchen auf den Zwetschgen verteilen. Das Mehl darübersieben und mit Zucker bestreuen.
- Etwa 35–45 Min. bei 200 °C im vorheizten Backofen backen bis die Zwetschgen weich sind und Saft austritt.
- Das Dessert lauwarm mit Schlagsahne, Vanilleeis oder *Kaymak* (s. S. 135) servieren.

Nuriye Kaya

Nuriye ist 40 und seit zwanzig Jahren mit Mehmet verheiratet. Sie haben zwei Töchter und einen Sohn. Nach der Heirat ist Nuriye zu ihrem Mann nach Istanbul gezogen. Mehmet kommt, wie seine Frau, ursprünglich aus Çekerek in der Provinz Yozgat. Er handelt mit Oliven. Sein Vater hat in Alibey (im Istanbuler Stadtteil Eyüp) ein Haus gebaut. Die Familie lebt im ersten Stockwerk dieses Hauses, ganz oben wohnt die Schwiegermutter.

Nuriye hat das Kochen von ihrer Mutter und Schwiegermutter gelernt. Sie kocht gerne und vor allem türkische Rezepte. Die meisten Rezepte kennt sie auswendig. Nuriyes Lieblingsessen sind das Wintergericht *Madımak*, ein grünes Kraut mit Joghurt, und die Tarhanasuppe. Das traditionelle *Tarhana* bereitet Nuriye einmal im Jahr in ihrem Dorf mit ihrer Mutter zu. Dieses Tarhana wird auf Brettern in der Sonne getrocknet und in Klumpen aufbewahrt.

Tarhana kann man auch als Pulver kaufen. Meist ist es ein selbstgemachtes Suppenmehl aus Bulgur, Joghurt und Salz, manchmal auch mit Tomaten und Zwiebeln oder anderen Gewürzen angereichert.

Aus ihrem Dorf bringt sie Bulgur, getrocknete Bohnen, Käse und Joghurt nach Istanbul. In Nuriyes Dorf gibt es keinen Oregano, stattdessen wird in ihrer Gegend viel *Reyhan*, ein lilafarbenes Basilikum, angepflanzt und in der Küche verwendet. Nuriye geht gerne mit ihrer Familie picknicken, am liebsten im Belgrader Wald, einem großen Wald in Istanbul.

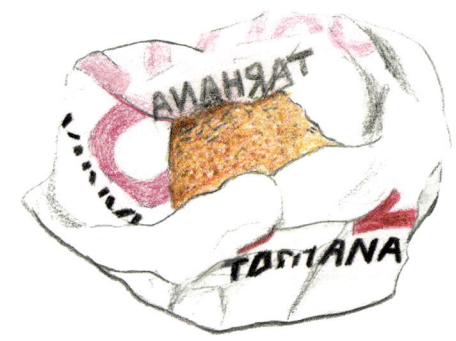

Tarhana Çorbası
TARHANASUPPE

6–10 Portionen

5 walnussgroße Klumpen *Tarhana* oder 6 EL Tarhanapulver
50 g Weizenkörner
1 EL Mehl
3 EL Joghurt
2 l Wasser
1 TL Butter
1 EL getrocknete Minze, zerrieben
4 Knoblauchzehen, fein gehackt

- Die Tarhana-Klumpen mit den Weizenkörnern über Nacht in Wasser einweichen.
- Am nächsten Tag Mehl und Joghurt sorgfältig vermengen.
- Das Wasser mit *Tarhana* und den Weizenkörnern in einen Topf geben. Joghurt-Mehl-Mischung hinzufügen, kräftig verrühren, aufkochen und etwa 30 Min. köcheln lassen.
- Butter mit der Minze anrösten und in die Suppe gießen.
- Knoblauch kurz vor dem Servieren in die Suppe geben oder in einem Schälchen auf den Tisch stellen. Die Suppe schmeckt erfrischend säuerlich.

Yufka Böreji
YUFKATEIG-BÖREK

4–8 Portionen

4 Eier
1 l Milch
2 dl (1 Glas) Sonnenblumenöl
2 Bund glatte Petersilie, gehackt
500 g Schafskäse (Lor) oder Feta, zerbröckelt
5 Yufkateig-Blätter

- Die Eier verquirlen, Milch und Öl dazugeben, umrühren und beiseitestellen.
- Eine runde Backform (*Tepsi*, ø 40 cm) mit hohem Rand mit Öl ausstreichen und mit zwei Lagen Yufkablättern auslegen. Zwei Suppenkellen vom Eier-Milch-Öl-Gemisch darübergießen, ⅓ des Käse und der Petersilie darauf verteilen und mit einem Yufkablatt bedecken. Das Ganze zweimal wiederholen.
- Die vierte Schicht ist die letzte. Darüber das restliche Ei-Milch-Öl-Gemisch gießen. Die Form vorsichtig schwenken, damit sich die Flüssigkeit gut verteilt.
- Im auf 150 °C vorgeheizten Backofen 30 Min. backen.
- Den heißen *Börek* mit Wasser bespritzen, damit er nicht trocken wird, und mit einem Tuch abdecken.
- Mit dem Messer in kleine Quadrate schneiden und lauwarm oder kalt servieren.

gute Zwischenmahlzeit

Testi Kebabı

LAMM UND GEMÜSE IM TONKRUG

6 Portionen

1 kg Lammfleisch vom Vorderbein, in 3 cm großen Würfeln
2 EL Paprikaflocken (Pul Biber), mittelscharf
2 TL Salz
4 Tomaten, geschält und geviertelt
8 hellgrüne milde Paprika (*Carliston*), in 2 cm langen Stücken
1 Knoblauchknolle
1½ EL Butter

Teig
100 g Mehl
1 TL Salz
40–50 ml Wasser

- Fleischwürfel mit Paprikaflocken (Pul Biber) und Salz würzen. Fleisch-, Tomaten-, Paprikastücke sowie die abgezogenen Knoblauchzehen abwechselnd in den Krug füllen. Mit einem Löffelstiel fest stopfen. Krug nicht ganz füllen. Butter zuoberst dazugeben.
- Aus Mehl, Salz und Wasser einen Teig kneten. Mit dem Teig den Krug gut verschließen, in die Mitte des Teiges mit dem Finger ein Loch machen, damit Dampf austreten kann.
- Den Tonkrug auf den Gasherd stellen und bei kleiner Flamme 1½ Stunden garen oder im Römertopf bei 200 °C für 1½ Stunden im vorgeheizten Backofen garen.
- Den Krug vorsichtig mit einem Hammer aufschlagen und den Eintopf in eine Schüssel gießen. Mit Reis servieren.

Typisches Gericht aus Yozgat und Kappadokien. Jeweils am 9. Juli wird in Yozgat der beste Testi Kebabı *gekürt, der traditionell in Glut gegart wird.*
Da es bei uns keine dieser extra angefertigten Tonkrüge gibt, kann der Eintopf auch gut im Römertopf zubereitet werden.

klassisches Kebabrezept

Şekerpare

NUSSPLÄTZCHEN IN ZUCKERSIRUP

20 Stück

Zuckersirup
1 kg Zucker
600 ml Wasser
Saft von ½ Zitrone

Kekse
125 g Butter
125 g Puderzucker
1 Eiweiß
750 g Mehl
1 Eigelb
20 ganze Haselnüsse oder Mandeln, geschält

- Zucker und Wasser aufkochen und auf kleiner Flamme köcheln lassen bis der Zucker aufgelöst ist. Zitronensaft dazugeben und beiseitestellen.
- Butter schmelzen, mit Puderzucker und Eiweiß vermischen, Mehl dazugeben und kneten bis der Teig Ohrläppchenkonsistenz hat.
- Mit den Händen runde aprikosengroße Kekse formen und auf ein ungefettetes Backblech legen, ganz leicht flach drücken, mit Eigelb bestreichen und je eine Haselnuss oder Mandel in die Keksmitte drücken.
- Im vorgeheizten Backofen bei 100 °C 1 Stunde backen. Den Zuckersirup über die heißen Kekse auf dem Blech gießen und über Nacht einziehen lassen.

Die Kekse schmecken auch ohne Zuckersirup gut.

Takuhi Tovmasyan

Takuhi ist 57. Ihre armenischen Vorfahren kommen aus dem Dorf Çorlu in Ostthrakien, in der Nordwesttürkei, nahe der griechischen und bulgarischen Grenze. Sie selbst ist in Istanbul geboren. *Takuhi* heißt auf Armenisch Königin. Sie wohnt in Osmanbey, einem Stadtviertel, in dem viele Armenier leben. Takuhi hat zwei Söhne, die im Ausland leben, einer als Pianist in Deutschland. Daher kümmert sie sich mütterlich um andere junge Leute. Sie hat zehn »Wahlkinder«, eines davon ist ihre Nichte Diruhi, die ihr beim Zubereiten des *Petaluda*-Rezeptes geholfen hat. Takuhi ist aktive orthodoxe Christin und singt im Kirchenchor.
Takuhi liebt Istanbul. Ihre Verwandten sind da geboren und gestorben. Und sie liebt Istanbul auch wegen seiner Kultur und Geschichte. Heute leben schätzungsweise 60 000 Armenier in Istanbul. Es gibt siebzehn armenische Schulen mit eigenem Religionsunterricht; unterrichtet wird auf Armenisch, Türkisch und Englisch. In Istanbul erscheinen zwei armenische Zeitungen und die türkisch-armenische Wochenzeitung *Agos*. Takuhi ist Lektorin im Aras Verlag, der sich auf armenische Literatur spezialisiert hat, die auch auf Türkisch herausgegeben wird. Sie hat selbst ein türkisch-griechisches Kochbuch mit den Rezepten ihrer Großmütter geschrieben. Für Takuhi gibt es keine nationale armenische Küche, sondern nur regionale Küchen, die von Familientraditionen sowie Einflüssen der unterschiedlichen Kulturen geprägt sind. Ihr *Petaluda*-Rezept beispielsweise gehört zu ihren überlieferten Familienrezepten und hat einen griechischen Namen, weil es dafür keinen armenischen Namen gibt. In Çorlu lebten früher Griechen, Armenier und Türken gemeinschaftlich zusammen.

Kızılcık Likörü
KORNELKIRSCHENLIKÖR

1 kg Kornelkirschen (ersatzweise Sauerkirschen)
750 g Zucker
350 ml Alkohol (aus der Apotheke)
700 ml Wasser

- Kornelkirschen und Zucker in ein 3-Liter-Gefäß geben. Den Alkohol dazugießen und gut verschließen.
- Eine Woche stehen lassen, ab und zu schütteln. Die Flüssigkeit erhält eine wunderschöne rote Farbe. Dann das Wasser hinzufügen.
- Wenn sich der Zucker zum Ende der zweiten Woche gut aufgelöst hat, das Glas für 2 Monate im Dunkeln aufbewahren.
- Danach die Früchte entfernen, denn sie bekommen mit der Zeit eine unansehnliche Farbe.
- Nun ist der Likör trinkbar.

Die Armenier sind berühmt für ihre Liköre. Takuhi macht Likör aus Orangen, Zitronen, Kirschen, Sauerkirschen, Johannisbrot und Kornelkirschen. Kirschen legt sie ganz mit Stein und Stiel ein, das verstärkt den Geschmack.

Keçiboynuzu Likörü
JOHANNISBROTLIKÖR

300 g Johannisbrot (Karob)
1 Vanilleschote
300 ml Alkohol (aus der Apotheke)
600–750 m Wasser
200 g Zucker

- Johannisbrotschoten in Stücke brechen, die Vanilleschote einritzen und halbieren; alles in ein verschließbares Glas geben. Den Alkohol dazugießen, das Glas schließen und 15 Tage im Dunkeln stehen lassen.
- Das Wasser (Menge je nachdem, wie stark der Likör werden soll) in einen Topf gießen, Zucker hinzufügen und einmal aufkochen.
- Den Sirup abkühlen lassen; anschließend zum Alkohol gießen. Das Glas wieder schließen und Mindestens 1½ bis 2 Monate im Dunkeln stehen lassen; je länger, desto stärker wird der Geschmack.

Petaluda

SCHMETTERLINGSGEBÄCK

6–8 Portionen

Teig
200 g Mehl
100 ml Wasser
1 Ei
1 Prise Salz

Zuckersirup
200 g Zucker
300 ml Wasser
½ Zitrone

400 ml Sonnenblumenöl zum Ausbacken
150 g Walnüsse, grob gehackt

- Mehl in eine Schüssel sieben und eine Mulde hineindrücken. Wasser, Ei und Salz hinzufügen und zu einem Teig kneten, bis er die Konsistenz eines Ohrläppchens hat.
- Den Teig abdecken und 30–60 Min. ruhen lassen.
- Für den Sirup Zucker, Wasser und Zitronensaft aufkochen.
- Den Teig halbieren. Die erste Hälfte zu einer Kugel formen, etwas flach drücken und ausrollen. Der Teig soll 2–3 mm dick sein.
- Den Teig in etwa 7x10 cm große Rechtecke schneiden. In diese Rechtecke quer fünf Schnitte im Abstand von etwa 1 cm machen, dabei einen Rand von etwa ½ cm stehen lassen (siehe Bild).
- Ein Viereck wird auf die eine Hand gelegt. Mit dem Zeigefinger der anderen Hand wird der zweite Streifen angehoben und der erste wird darunter hervorgezogen. Nun hat man eine Masche über dem Zeigefinger wie beim Häkeln. Mit dieser Masche wird nun der dritte Streifen geholt und die folgenden. Die Masche des zweitletzten Streifens wird auf den letzten Streifen gedrückt.
- Am besten macht man die *Petaluda* zu zweit. Der Teig darf nicht antrocknen, sonst bricht er beim »Häkeln«.

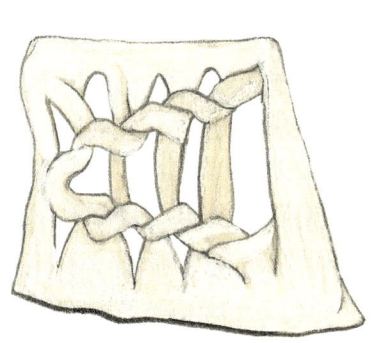
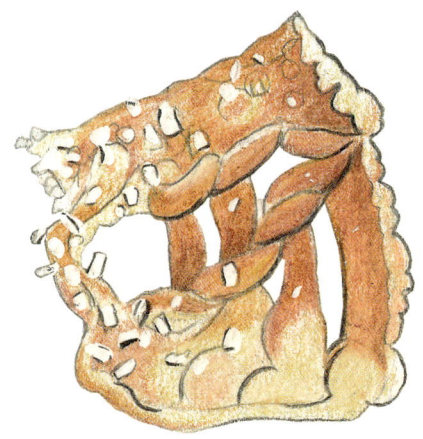

- Mit der zweiten Hälfte des Teigs verfährt man genauso.
- In einer Pfanne das Öl erhitzen (5–10 cm hoch). Die gestrickten Schmetterlinge werden im heißen Öl frittiert. Der Teig bläht sich im heißen Öl auf.
- Wenn die Stücke goldgelb sind und oben schwimmen, mit einer Zange herausnehmen, abtropfen lassen und in den warmen Sirup tunken. Auf einer Siebkelle gut abtropfen lassen und auf eine Servierplatte legen.
- Mit den Walnüssen bestreuen und sofort servieren.

Petaluda *bedeutet Schmetterling. Das Gericht wird traditionellerweise am Feiertag Asdvadzadzin zubereitet und läutet am zweiten Sonntag im August die Weintraubenernte ein. Armenier essen die ersten Trauben erst nach dieser Feier. Im Gegensatz zum* Baklava *ist* Petaluda *eine leichte und luftige Süßspeise und sieht elegant aus wie Brüsseler Spitze. Die wenig bekannte Spezialität kommt aus dem kleinen Dorf Çorlu. Takuhi hat sie von ihrer Mutter gelernt. Als Getränk dazu passt besonders gut Sauerkirschsaft.*

bestrickend schön

Pando und Yoanna Şestakof

Pando ist 84 Jahre alt. Er und seine Frau Yoanna führen einen Kaymakçı, einen Milch- und Frühstücksladen in Beşiktaş. Es ist kleines Lokal mit Ladentheke und einigen Tischen, das sieben Tage die Woche geöffnet hat. Der *Kaymakçı* in Beşiktaş ist stadtbekannt. Die Leute kommen aus ganz Istanbul, um hier zu Frühstücken und um frischen *Kaymak* (Dickrahm), frische Butter, Honig, Eier oder Oliven zu kaufen. Das Geschäft existiert seit 130 Jahren. *Kaymakçı*-Läden sind heute in Istanbul eine Rarität.
Pandos Großeltern, orthodoxe Christen, sind 1906 von Mazedonien nach Istanbul ausgewandert. Pandos Großvater übernahm das Geschäft von seinem Schwiegervater. Pando hat schon als Kind im *Kaymakçı* geholfen und übernahm dann das Geschäft 1960 mit 35 Jahren. Als ersten Beruf lernte er Bisquitformen herzustellen.
Pando erzählt, wie sie früher die Milch mit dem Pferdewagen zu den Kunden gebracht haben. Die Milch kam damals von einem Bauernhof mit 140 Kühen, der auf einem Hügel beim Bosporus lag. Heute kommt die Milch mehrheitlich aus Kemerburgaz bei Istanbul und von Höfen, die weiter weg liegen. Die Kühe bleiben im Stall, werden aber mit Naturfutter gefüttert.
Das Kaymakrezept ist Pando und Yoannas großes Geheimnis. Sie verraten aber, dass ein guter Kaymak aus Büffelmilch ist, weil sie fettiger als Kuhmilch ist. Früher haben Pando und Yoanna auch Joghurt gemacht. Pando war der Erste, der in Istanbul Joghurt im Glas verkauft hat. Das war hygienischer als aus dem Tontopf. Versetzt mit Erdbeeren, Vanille oder Kirschen war es eine beliebte Baby- und Kindernahrung. Pando klagt, dass heute alles anders geworden ist. Er findet trotz zweier Söhne keinen Nachfolger. Pando und Yoanna führen nur hochwertige Produkte. Die Oliven stammen aus Gemlik in der Nähe von Bursa. Die Eier im *Kaymakçı* kommen von Freilandhühnern, die bei einer Mühle leben und nur mit Körnern gefüttert werden. Eine Kundin schwärmt, wie ihre Enkelin sofort schmeckt, wenn die Eier nicht von Pando und Yoanna kommen.

Yoğurt
JOGHURT

1 l Milch
2 EL Joghurt
2 EL Wasser

- Milch aufkochen und auf 50° abkühlen lassen (im Sommer 40°).
- Joghurt mit Wasser mischen, es soll eine cremige Konsistenz haben und zur Milch geben. Je besser die Joghurtkultur ist, desto besser wird das Joghurt.
- Gefäß schließen, mit einem Tuch bedecken und an einen warmen Ort stellen. Je nach Temperatur ist der Joghurt in 3–4 Stunden fertig.

Kaymak
DICKRAHM AUS GEKOCHTER MILCH

Kaymak ist die beim Kochen entstehende Rahmschicht von Büffel- oder Kuhmilch. Er ist schwer durch etwas anderes zu ersetzen, am ehesten vielleicht durch Mascarpone oder Ricotta. *Kaymak* wird auch gern zum Frühstück gegessen.

Musa Dağdeviren hat mir freundlicherweise ein Kaymakrezept verraten: Eine Kuh melken, die frische Milch langsam aufkochen und mind. 2 Stunden auf kleinstem Feuer köcheln lassen. Mit einem Tuch bedecken und bis zum nächsten Tag kühl stellen.
Die Rahmschicht verfestigt sich auf der Milchoberfläche. Je dicker das *Kaymak* sein soll, desto länger wird es gekocht, um die Flüssigkeit zu reduzieren.
Die *Kaymak*milch darf nicht berührt werden. Mit einem dünnen Stab oder Zweig das *Kaymak* vorsichtig herausheben.
Je nach Reifegrad kann *Kaymak* mild säuerlich sein. Die *Kaymak*schichten können gesalzen und so haltbar gemacht werden. Gesalzener und reifer *Kaymak* ist gelb und hat einen schärferen Geschmack.

Paluri Arzu Kal

Paluri wurde 1973 in Istanbul geboren. Der Name *Paluri* ist lasisch und bedeutet Flamme. Die Lasen sind ein südkaukasisches Volk, das im 18. Jahrhundert zum sunnitischen Islam konvertierte und an der südöstlichen Schwarzmeerküste siedelte. Sie haben eine eigene Sprache, die im Aussterben begriffen ist. Paluris Mutter war 18, als sie heiratete und dann nach Istanbul zu ihrem Mann zog. Paluri ist ledig und hat keine Kinder. Sie wohnt mit ihrer jüngeren Schwester zusammen. Ihre Eltern leben im Sommerhalbjahr in Ardeşen. Auch Paluri reist drei- bis viermal im Jahr nach Ardeşen. Istanbul ist ihr zu hektisch, der gigantische Verkehr macht ihr zu schaffen. Sie würde lieber in ihrer ursprünglichen Heimat leben. Sie hat an der Istanbuler Universität Jura studiert und ist seit zehn Jahren Rechtsanwältin für Handels- und Familienrecht. Vor Gericht setzte sie durch, dass Lasen, Kurden und andere Volksgruppen, die nach dem Gesetz türkische Vornamen haben mussten, sich umbenennen und wieder volkseigene Vornamen haben dürfen. Paluri besitzt viele lasische Stoffe. Die Lasen weben Stoffe mit eigenen Mustern und Farben, die sie unterschiedlich gebunden als Küchen- oder Gartenschürze oder auch festlich verwenden.

Paluri wäre sehr gern Köchin; da sie vom Kochen jedoch nicht leben kann, betreibt sie es als Hobby. Kochen hat sie von ihrer Mutter gelernt. Die lasischen Gerichte bereitet sie am liebsten in ihrer Heimat zu, da die Zutaten dort besser sind. Sie bevorzugt besonders Gemüse- oder Fischgerichte und isst kaum Fleisch.

Im Jahr 2006 hat sie das Kochbuch *Paponi* in lasischer, türkischer und englischer Sprache veröffentlicht, in dem sie die lasische Küche und Esskultur vorstellt. *Paponi* ist der Name, den die Lasen aus Batum – heute Georgien – dem *Lasenbörek* gegeben haben. Sie bereiten die Füllung anstatt mit Weizenmehl mit einem durch Seide gesiebten Maismehl zu. *Lasenbörek* wird heute nur noch zu besonderen Anlässen wie Hochzeiten oder Beerdigungen zubereitet.

Garten   Festlich   Küche

Paponi
SÜSSER LASENBÖREK

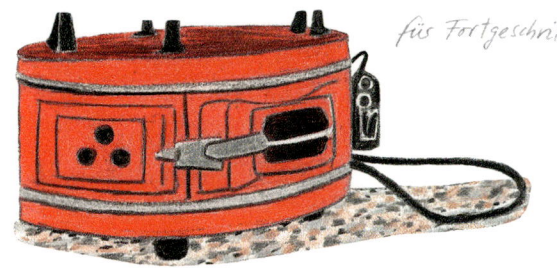

für Fortgeschrittene

12 Portionen

Sirup
750 g Zucker
750 ml heißes Wasser
1 Prise Salz

Teig
400 g Weizenmehl
1 TL Salz
3 EL Maiskeim- oder Sonnenblumenöl
200 ml Vollmilch
Weizen- oder Maisstärke zum Ausrollen
200 g zerlassene Butter

Füllung
325 g Weizenmehl
2 l Vollmilch
½ TL Salz
500 g Zucker
½ TL schwarzer, frisch gemahlener Pfeffer
5 Eigelb

- Für den Sirup den Zucker und Salz im heißen Wasser auflösen und auf zwei Drittel seiner ursprünglichen Menge etwa 20 Min. einkochen lassen. Beiseitestellen.
- Für den Teig Mehl, Salz und Öl in eine große Schüssel geben, die Milch zügig dazugießen, dabei den Teig durchfingern. Wenn die Menge kompakt ist, mit nassen Händen auf einer Arbeitsplatte weiterkneten, indem der Teig immer wieder übereinander geklappt und anschließend mit nassen Fäusten geknetet wird, bis er die Konsistenz eines Ohrläppchens hat.
- Den Teig langziehen, in 11 gleiche, etwa ei-große Stücke schneiden, diese zu Kugeln formen. Feucht abdecken.
- Eine runde Backform (Tepsi, ø 40 cm) mit Butter einfetten.
- 6 der 11 Teigkugeln mit einem Nudelholz auf der Weizenstärke auf 40 cm Durchmesser ausrollen; immer wieder Stärke nachstreuen.
- Die hauchdünn ausgerollten Teigblätter vorsichtig in der Backform aufeinander schichten, dabei jeweils mit etwas zerlassener Butter beträufeln.
- Für die Füllung das Mehl mit einem Schneebesen mit etwas Milch glatt rühren, dann die gesamte Milch und das Salz hinzufügen. Unter ständigem Rühren mit dem Schneebesen erhitzen, bis die Masse eindickt. Den Zucker unterrühren, wieder aufkochen lassen, bis er sich gelöst hat, und den Topf vom Feuer nehmen und den Pfeffer dazu geben.
- Da abgepackte Milch nicht den Fettgehalt von Rohmilch hat, noch zwei EL Butter in die heiße Milch einrühren, anschließend unter sehr schnellem Rühren – um ein Ausflocken zu vermeiden – fünf Eigelb hinzufügen.
- Die auf 40 °C abgekühlte Puddingmasse gleichmäßig auf dem Teig verteilen.
- Die restlichen 5 Teigkugeln wie oben beschrieben ausrollen, auf die Füllung geben und jeweils mit Butter beträufeln. Die oberste Schicht sollte vollständig von Butter bedeckt sein.
- Die Backform in die Mitte des auf 200 °C vorgeheizten Backofens schieben. Nach 35–40 Min. sollte die Oberfläche goldbraun sein.
- Den abgekühlten Sirup mit einer Kelle auf den heißen Börek verteilen. Die Backform etwa 1 Stunde abgedeckt ruhen lassen, damit der Sirup einziehen kann.
- Den Börek vom Blechrand trennen und in quadratische Stücke schneiden. Noch warm oder gekühlt servieren.

Die Zubereitungszeit für den Lasenbörek dauert für Geübte etwa zwei Stunden. Natürlich kann man das Börek auch mit fertigen Filo- oder Yufkateig zubereiten.

Viktorya Emanuel
Sami Bansiya

Viktorya ist die Tante von Sami. Beide sind sephardische Juden und wurden in Istanbul geboren. Viktorya ist 57, verheiratet und hat zwei erwachsene Kinder. Sie hat das jüdische Gymnasium in Istanbul besucht, und später als Sekretärin gearbeitet und als Hausfrau.
Sami ist 35 und Single, auch er besuchte ein jüdisches Gymnasium in Istanbul und studierte anschließend Wirtschaft. Dann verbrachte er ein Jahr in San Francisco, um Englisch zu lernen und machte dort eine halbjährige Ausbildung in italienischer Küche. Zurück in Istanbul, eröffnete er ein italienisches Restaurant. Heute ist er Küchenchef und arbeitet in der Coffeebar *Kuledibi Kahvesi* seines Freundes am Galataplatz. Auf der Speisekarte steht »Worldkitchenfood«.
Samis Wunsch ist es, ein Kochbuch über die mediterrane Küche zu schreiben.
Viktorya und Sami sprechen beide noch Ladino, ein Spanisch mit Einflüssen aus dem Französischen und Türkischen. Die sephardischen Juden in Istanbul, die vor über 500 Jahren aus Spanien vertrieben wurden, haben diese Sprache bis heute bewahrt.
Sami gefallen die sephardischen Traditionen wie das Ladino und die eigene Küche. Er ist nicht religiös. Insgesamt gelten die türkischen Juden in Bezug auf ihre Religion als sehr liberal.
Heute gibt es schätzungsweise 23 000 Juden in der Türkei, die meisten davon in Istanbul. Bis Anfang der neunziger Jahre lebten die Istanbuler Juden in geschlossenen Gemeinschaften vor allem in Beyoğlu, Balat und Hasköy. Heute sind sie über alle Stadtviertel verstreut. Es gibt 16 Synagogen in Istanbul.
Die sephardisch-jüdische Küche ist eine einfache Küche. Im Vergleich zur türkischen verwendet sie weniger Fett, Gewürze, Zwiebeln und Paprika. Typische Gerichte sind: *Börekitas* (gefüllte Teigtaschen mit Kartoffeln, Käse oder Auberginen), *Agristala de Gaina* (Saure Vermicellisuppe), *Frittatas* (Eierpfannkuchen mit Spinat, Käse, Kartoffel, Zucchini oder Lauch), *Albondigas de Pırasa* (Lauch-Fleischbällchen), *Semola* (eine Grieß-Helva ohne Butter).

Ekşili Tel Şehriye Çorbası
SAURE VERMICELLISUPPE

8 Portionen

1 Karotte, in dicken Scheiben
700 g Hühnerbrust
2 TL Salz
2 TL schwarzer Pfeffer
4 l Wasser
100 g kurze Fadennudeln (Vermicelli)
1 Würfel Hühnerbrühe
3 Eigelb
Saft von 2 Zitronen
30 g Mehl

erfrischend

- Die Hühnerbrüste mit den Karottenstücken, Salz und Pfeffer in 1 l Wasser 30 Min. kochen, die Karottenstücke und Hühnerbrüste aus der Brühe nehmen, das Fleisch sehr fein schneiden und wieder in die Brühe geben. 3 l heißes Wasser hinzufügen.
- Die Fadennudeln zur kochenden Brühe geben und rühren. Einen Würfel Hühnerbrühe hinzufügen und 5 Min. kochen lassen.
- Eigelbe mit Zitronensaft und Mehl in einer kleinen Schüssel kräftig verrühren, etwas von der heißen Brühe dazugießen und gut verrühren. Das Ganze vorsichtig in die Brühe gießen und kräftig rühren.
- Noch weitere 5 Min. auf kleiner Flamme köcheln lassen. Mit Weißbrot servieren.

Pırasa Köftesi
LAUCH-FLEISCHBÄLLCHEN

50 Stück

1½ kg Lauch
½ Karotte
1 große Kartoffel
2 TL Salz
3 TL schwarzer Pfeffer
400 g Rinderhack
2 Eigelb
60 g Mehl
100 g Mehl für die Panade
3 Eier für die Panade
mind. 300 ml Sonnenblumenöl zum Frittieren

- Lauch, Karotte und Kartoffel in 2 cm große Stücke schneiden. Die Gemüsestücke in einen Topf geben, 2/3 hoch mit Wasser bedecken, salzen und richtig weich kochen.
- Das Gemüse in einem Lochsieb stampfen und dabei auspressen. Mit Salz und schwarzem Pfeffer würzen.
- Fleisch, Eigelbe und Mehl hinzufügen. Die Zutaten gut miteinander verkneten. Wenn die Masse zu feucht ist, Mehl dazugeben.
- Mehl und verschlagene Eier in zwei Schüsseln geben.
- Mit der Hand die Lauch-Fleischbällchen formen.
- Öl in einer Pfanne mit hohem Rand erhitzen.
- Die Bällchen zuerst im Mehl und dann im Ei wenden. Im Öl etwa 3 Min. auf jeder Seite frittieren.
- Auf Haushaltspapier abtropfen lassen, in einer Schüssel anrichten und warm servieren.

Hanife Kiran

Hanife, 60, kam als Siebenjährige mit ihren Eltern aus Makedonien, dem damaligen Jugoslawien, nach Istanbul, weil die Familie in der Türkei leben wollte. Sie hat drei erwachsene Kinder, die alle noch unverheiratet zu Hause leben. Hanife hat die Fachschule für Hauswirtschaft absolviert, in der sie hauptsächlich Kenntnisse für die Zubereitung von Kuchen und Torten erwarb. Sie ist Hausfrau und hält als Muslimin den Fastenmonat Ramadan ein, trägt aber nur beim Beten ein Kopftuch. Außerdem ist Hanife eine psychologisch geschickte Kaffeesatzleserin; ein Freizeitvergnügen, das in der Türkei vor allem Frauen pflegen.

Am Marmarameer besitzt Hanife ein Sommerhaus mit einem kleinen Garten, in dem sie Gemüse zieht und auch für den Winter einfriert oder einmacht. Ansonsten verwendet sie Obst und Gemüse der Saison. Sie hat einen eigenen Kartoffellieferanten, denn in der Balkanküche wird großer Wert auf eine gute Kartoffelsorte gelegt. Hanife kocht gerne, sie verbringt täglich etwa zwei bis drei Stunden in der Küche, wenn Gäste kommen auch mehr.

Das Kochen hat sie von ihrer Mutter gelernt. Sie schätzt vor allem die Familienrezepte. Da ihr Mann, der Fernfahrer ist, vom Schwarzen Meer stammt, stehen seit ihrer Heirat auch Gerichte aus seiner Heimat auf dem Speiseplan. Ihre Lieblingsgerichte sind *Baklava, İç Pilavı* (ein Reisgericht mit Leberstückchen, Korinthen und Pinienkernen) sowie Huhn aus dem Backbeutel mit Kartoffeln.

Güllaç

REISBLÄTTER MIT WALNÜSSEN UND GRANATAPFELKERNEN

12–14 Portionen

10 Güllaç-Blätter (Reisblätter)
1½ l Milch
375 g Zucker
1 Päckchen Vanillezucker
3 EL Rosenwasser
150 g Walnüsse oder Mandeln, grob gehackt
1 Granatapfel

- Die Milch mit Zucker und Vanillezucker aufkochen, 10 Min. einkochen und dann etwas abkühlen lassen.
- Das erste Güllaç-Blatt mit der glänzenden Seite nach oben in eine runde Backform (Tepsi, Ø 40 cm) von gleicher Größe legen und gleichmäßig mit zwei Suppenkellen der lauwarmen Milch-Zucker-Mischung einfeuchten.
- Mit den nächsten vier Blättern ebenso verfahren, dann die Hälfte der gehackten Walnüsse auf dem Güllaç verteilen und mit den restlichen 5 Güllaç-Blättern gleich verfahren. Die überschüssige Milch wird von den Blättern allmählich aufgesogen.
- Die restliche Milch mit dem Rosenwasser vermischen und über das Ganze gießen.
- Am besten über Nacht kühl stellen und vor dem Servieren 2–3 Stunden bei Zimmertemperatur ruhen lassen.
- Den Granatapfel entkernen und mit den restlichen Walnüssen über den Güllaç streuen.
- Mit einem Messer in Vierecke schneiden und servieren. Die Nachbarn nicht vergessen!

Güllaç ist eine für türkische Verhältnisse vergleichsweise leichte Süßspeise, die vorwiegend im Fastenmonat serviert wird, um den Blutzuckerspiegel, der durch das Fasten über Tag abgesunken ist, wieder auf Normalmaß zu bringen.

Patlıcanlı Börek

AUBERGINENBÖREK

8–10 Portionen

Füllung
3–4 längliche Auberginen
2 mittelgroße Zwiebeln, grob hacken
2 hellgrüne milde Paprika (*Carliston*),
   grob gehackt
1 große Tomate, in 1 cm großen Würfeln
2 EL Olivenöl
1 TL Salz
½–1 gehäufter TL Chilipulver
½ TL schwarzer Pfeffer gemahlen
3 Knoblauchzehen, fein gehackt

Teig
200 ml Sonnenblumen- oder mildes Olivenöl
125 g Butter
1 kg Weizenmehl
1 TL Salz
600–700 ml lauwarmes Wasser
200 g Mehl zum Ausrollen

- Auberginen streifenweise abschälen, in 1 cm große Würfel schneiden und kurz in Salzwasser legen, um die Bitterstoffe zu entziehen.
- Zwiebeln und Paprika in Öl andünsten.
- Auberginen abgießen, mit Wasser abspülen, trocknen und dazugeben. Die Tomate, den Knoblauch und die Gewürze hinzufügen und abschmecken. Ist die Füllung zu trocken, 2–3 EL Öl dazugeben. Beiseitestellen.
- Für den Teig das Öl sowie die Butter in einem Topf schmelzen und beiseitestellen.
- Das Mehl mit dem Salz vermischen und in eine große Schüssel geben, das Wasser hinzufügen, dabei das Mehl rasch durchfingern und sofort mit dem Kneten beginnen.
- Sobald eine zusammenhängende Masse entstanden ist, auf einer bemehlten Arbeitsfläche weiterkneten, dabei den Teig wiederholt langziehen und zusammenfalten.
- Wenn der Teig die Konsistenz eines Ohrläppchens hat, aprikosengroße Stücke

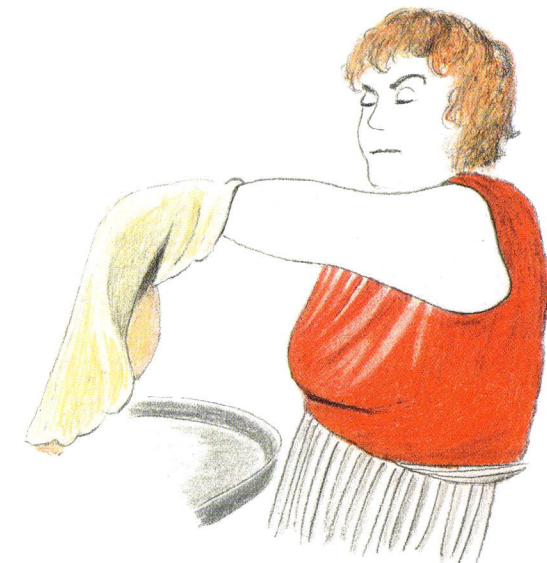

abschneiden, daraus kleine Kugeln formen, auf ein Blech legen und mit einem feuchten Tuch abdecken. Die Teigmenge sollte etwa 31 Kugeln ergeben.

- Die Teigkugeln auf einer bemehlten Arbeitsfläche auf etwa 20 cm Ø ausrollen und nebeneinanderlegen. Diese Teigfladen mit jeweils 1 EL der lauwarmen Öl-Butter-Mischung satt einstreichen und übereinanderlegen, dabei zwei getrennte Stapel von 17 und 14 Teigfladen bilden.
- Der folgende Schritt erfordert etwas Übung: Den dickeren Teigstapel in die Hände nehmen und an den Rändern wie ein Lenkrad schnell drehen, dabei größer ziehen, ohne dass Löcher entstehen; danach über den Unterarm ziehen, dabei auf eine gleichmäßige Stärke der Teigplatte achten. Ausziehen bis sie etwa die Größe des zuvor gefetteten Backbleches von 40 cm hat und an den Rändern hochgezogen werden kann. Die Teigstapel dürfen in diesem Stadium nicht mehr mit dem Nudelholz ausgerollt werden, da dann der Teig zu fest und seine blätterige lockere Konsistenz verlieren würde.
- Die abgekühlte Füllung gleichmäßig auf dem Teig verteilen, mit dem zweiten dünneren Teigstapel gleichermaßen wie oben verfahren und die Füllung damit abdecken. Am Blechrand die untere Teigplatte mit der oberen mit den Fingern zusammendrücken, dadurch entsteht ein dekorativer Rand.
- Das Blech auf die mittlere Schiene des auf 150 °C vorgeheizten Ofens schieben, nach 15 Min. Backzeit die Hitze auf 200 °C erhöhen, und den Börek weitere 50 Min. backen, bis die Oberfläche goldbraun ist.
- Den fertigen Börek am besten mit einer Schere in Stücke schneiden und warm servieren.

Börek wird in der Türkei gerne als Zwischenmahlzeit gegessen. Hanife braucht für die Zubereitung dieses aufwendigen makedonischen Börekgerichts eine Stunde, Ungeübte brauchen sicherlich doppelt so lange!

für Fortgeschrittene

Aysel Altun

Aysel wohnt in Zeytinburnu, einem Istanbuler Stadtteil am Marmarameer. Ihre Großeltern stammen aus Albanien. Aysel wurde 1962 auf der asiatischen Seite von Istanbul geboren und fühlt sich als städtische Istanbulerin. Aysel hat eine Berufsmittelschule für Mädchen besucht und neben den allgemeinen Schulfächern auch Nähen und Kochen gelernt.

Mit 22 Jahren hat sie geheiratet und dann ihre drei Kinder großgezogen. Seit acht Jahren ist sie in der Gastronomie tätig. Zwei Jahre hat Aysel in einer Patisserie gearbeitet, danach als Köchin in einem Sulu Yemekleri; das sind Garküchen, in denen Hausmannskost, häufig Eintopfgerichte mit kleinen Fleischstücken, serviert werden. Diese Garküchen sind bei Arbeitern und Angestellten gerade zur Mittagszeit sehr beliebt.

Seit einem Jahr führt Aysel ihre eigene Garküche. Sie liegt in Gedikpaşa/Beyazıt, in einem versteckten Gässchen in der Nähe des großen Bazars. Ihr Arbeitstag beginnt morgens um 7.30 Uhr und endet meistens gegen 19.30 Uhr. Aysel bietet Frühstück und einfache klassische Gerichte an. Dazu gehören Suppen, die traditionell zum Frühstück gegessen werden. Ihre Gerichte kosten zwischen 2 und 6 türkische Lira. Ihren Einkauf erledigt sie auf dem Markt und im Supermarkt. Sie kennt auch einen Metzger und einen Gemüsehändler, die ihr die Waren bringen. Aysels Mann unterstützt ihren Unternehmungsgeist und ist stolz auf sie.

Kochen hat Aysel von ihrer Mutter gelernt. Privat bereitet sie gerne Spezialitäten aus ihrer Familie zu, wie zum Beispiel albanischen Börek, *Arnavut Böreği*.

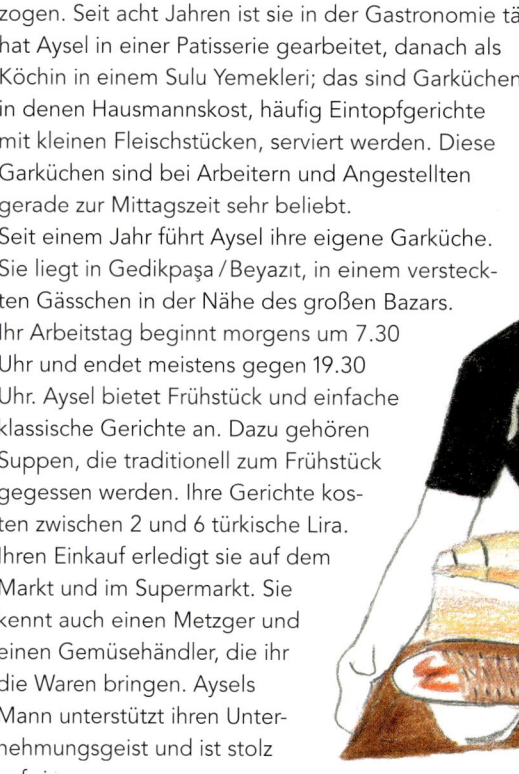

Mercimek Çorbası
ROTE LINSENSUPPE

4 Portionen

250 g rote Linsen
1 kleine Zwiebel
1 l Wasser
1 TL Salz
50 ml Sonnenblumenöl
1 EL Tomatenmark
½ –1 EL scharfes Paprikapüree
½ EL getrocknete Minze, zerrieben
1 TL Paprikaflocken (Pul Biber), mittelscharf
1 Zitrone in Schnitzen

einfach und köstlich

- Die Linsen und die ganze geschälte Zwiebel in den mit Wasser gefüllten Topf geben, etwa 10 Min. sprudelnd kochen bis die Linsen gar sind, dann die Zwiebel entfernen und das Salz hineingeben.
- In einer heißen Pfanne Sonnenblumenöl, Tomatenmark und Paprikapüree verrühren bis eine homogene Masse entstanden ist. Diese Masse zu den Linsen geben.
- Die Suppe mit dem Stabmixer pürieren, noch einmal kurz aufkochen und bei Bedarf etwas Wasser nachgießen.
- Mit Minze und Paprikaflocken (Pul Biber) abschmecken und mit einen Zitronenschnitz servieren.

Die Rote Linsensuppe ist eine sehr bekannte türkische Suppe.

Kuru Fasulye
WEISSE BOHNEN

8–10 Portionen

500 g weiße Bohnen
1 mittelgroße Zwiebel, fein gehackt
Öl
150 g Rindfleischwürfel, etwa 1 cm
1 EL scharfes Paprikapüree
1 EL Tomatenmark
2 TL Salz

- Bohnen über Nacht einweichen und dann im Einweichwasser bissfest kochen.
- Zwiebel in einem Topf im Öl andünsten, Rindfleisch, Paprikapüree und Tomatenmark hinzufügen. Etwa 10 Min. auf kleinem Feuer weiterdünsten.
- Die Bohnen abgießen und zum Fleisch geben, salzen und kurz weiterdünsten.
- Wasser dazugeben, bis alles bedeckt ist, und zugedeckt noch 1 Stunde auf kleinem Feuer kochen.

Kuru Fasulye ist das wohl bekannteste Gericht in der ganzen Türkei. Der Name bedeutet Trockene Bohnen, obwohl das Gericht überhaupt nicht trocken ist. Es gilt als Kemal Atatürks Lieblingsspeise.

Kadınbudu

PANIERTE HACKFLEISCHPLÄTZCHEN

6 Portionen

1 kg Hackfleisch, ¼ Lamm und ¾ Rind
1 Zwiebel, gerieben
½ TL Salz
½ TL Pfeffer
etwa 80 g Reis
4 Eier
8 EL Paniermehl
Sonnenblumenöl

- Hackfleisch miteinander vermengen, und die Hälfte des Fleisches mit der Zwiebel im eigenen Fett anbraten. Salz und Pfeffer dazugeben. Die Flüssigkeit, die dabei entsteht, muss wieder eindampfen. Beiseitestellen und abkühlen lassen.
- Reis weich kochen. Mit einem Ei und dem rohen Hackfleisch zum angebratenen Fleisch geben und mit der Hand verkneten. Das rohe Fleisch lässt die Masse gut zusammenkleben. Am besten macht man diese Mischung am Vorabend, damit sie im Kühlschrank durchziehen kann.
- Die übrigen drei Eier in einem Suppenteller schaumig schlagen, in einen zweiten das Paniermehl geben.
- Flache ovale Hackfleischplätzchen in der Größe einer Handfläche formen und panieren. Aysel wendet die Plätzchen zuerst im Paniermehl und dann im Ei.
- Mind. 1 cm Öl in die Bratpfanne gießen. Jede Seite der Plätzchen etwa 5 Min. frittieren.
- Mit Kartoffelbrei servieren.

Kadınbudu *bedeutet wörtlich Frauenschenkel.*

Fırında Tavuk Kanadı

GEBACKENE HÄHNCHENFLÜGEL

8 Portionen

2 kg Hähnchenflügel, halbiert
Salz
schwarzer Pfeffer
1 Knoblauchzehe, fein gehackt
2 TL Salz
3 EL Joghurt
1 EL Tomatenmark
1 EL Biber salçası (scharfes Paprikapüree)
Sonnenblumenöl

- Hähnchenflügel waschen, trocknen und mit Salz und schwarzem Pfeffer würzen.
- Knoblauch, Joghurt, Tomatenmark, Paprikapüree, Salz und Öl gut miteinander mischen und über die Pouletflügel geben. 1 Stunde ziehen lassen.
- In eine Back- oder Auflaufformform, legen. Im Ofen bei 250 °C eine knappe Stunde backen.
- Die Hähnchenflügel können mit Kartoffeln, Bulgur oder Reis serviert werden.

am Besten über dem Holzfeuer

Tavuk Etli Türlü Güveç
HÜHNCHEN IM TONTOPF

8 Portionen

1 mittlere Zwiebel, fein gehackt
Sonnenblumenöl
1 große Kartoffel, grob gewürfelt
3–4 kleine Auberginen
3 kleine Zucchini
2 Knoblauchzehen, in dünnen Scheiben
3 große Gemüsetomaten, geschält
1 kg Hühnerbrust, in mundgerechten Stücken
200 g Kaşar (ersatzweise Gouda)

- Zwiebel in einem Topf in Öl andünsten, Kartoffelwürfel dazugeben.
- Auberginen und Zucchini waschen, die Schale jeweils streifenweise abschälen und in mundgerechte Stücke würfeln. In den Topf geben und den Knoblauch hinzufügen.
- Tomaten mit dem Stabmixer pürieren, die Hälfte des Pürees zum Gemüse geben und etwa 5 Min. dünsten.
- Hühnerfleisch kurz anbraten, zum Gemüse geben und 10 Min. kochen lassen. Immer wieder umrühren.
- Das Ganze in Tontöpfchen füllen (ersatzweise in einen Römertopf) und den Rest der pürierten Tomaten darüber verteilen. Die Töpfchen mit Alufolie bedecken und im Ofen bei 200 °C 1 Stunde backen.
- 5 Min. vor Ende der Garzeit ein wenig geriebenen Käse darüber streuen. In den Tontöpfchen servieren.

Tavuk Göğsü
MILCHPUDDING MIT HÜHNERBRUST

5 Portionen

½ sehr frische Hühnerbrust
1 l Milch
200 g Zucker
¼ TL Salz
50 g Reismehl
2 TL Zimt

- Das Hühnerfleisch mit Wasser bedeckt 20 Min. garen, in kleine Stücke schneiden und mit einem Glas Wasser in einer Schüssel ½ Std. wässern.
- Milch, Zucker und Salz in einen Topf gießen und aufkochen. Eine Tasse Milch beiseitestellen und abkühlen lassen
- Das Fleisch aus dem Wasser nehmen, zwischen Daumen und Zeigefinger in feine Fasern zerreiben, zur Milch im Topf geben und unter Rühren aufkochen.
- Reismehl in die beiseitegestellte Milch rühren und dann in die heiße Milch gießen. Mit dem Schneebesen schlagen bis die Masse dicklich wird.
- Die Masse in eine viereckige Form gießen, auskühlen lassen und mit Zimt bestreuen. Zum Servieren in viereckige Stücke schneiden.

Dieser pikante Milchpudding ist ein sehr altes osmanisches Rezept, der Pudding kann auch ohne Huhn zubereitet werden, dann heißt das Gericht Yalancı Tavuk Göğsü *(Falsche Hühnerbrust).*

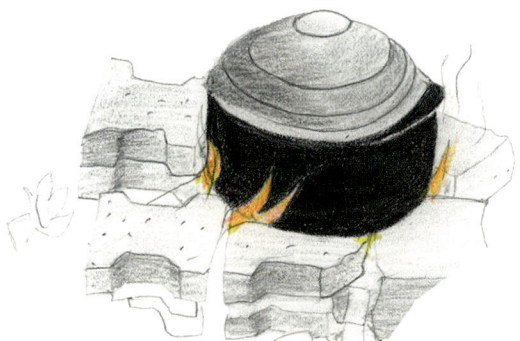

Sokakta Yemek Satanlar
STRASSENHÄNDLER

Das Angebot der Straßenhändler ist ein unverzichtbarer Teil der Istanbuler Speisekarte. Die Liberalisierung des Marktes, die Zuwanderung der kurdischen Landbevölkerung und der zunehmende Tourismus sorgten ab Mitte der 1980er Jahre für ein neues Selbstbewusstsein der türkischen Kleingastronomie und des historischen Straßenhandels. Inzwischen gibt es sogar spezielle Fastfood-Stadtführungen, die authentische und kulinarisch lohnende Einblicke in die türkische Esskultur geben.

Morgens verkaufen Simit-Händler Sesamteigkringel zum Frühstück. *Mehmet Özdemir* fertigt in seiner Bäckerei täglich etwa 1 500 *Simits* und weitere Backwaren. *Simit Çıtır Taşfırın* heißen die *Simits* aus dem Steinofen. *Çıtır* bezeichnet das Geräusch, das entsteht, wenn man etwas Knuspriges isst. Im oberen Stock bereiten die Bäcker den Teig

zu, formen die *Simits*, tauchen sie in eine Art Sirup aus Fruchtsaftkonzentrat und wälzen sie in reichlich Sesam. Durch einen schrägen Schlitz im Boden wird das Blech in den Verkaufsraum im unteren Stock befördert. Dort werden die *Simits* auf langen flachen Holzstangen in den Steinofen geschoben und in etwa fünf Minuten goldbraun gebacken. Mehmet beliefert die Straßenhändler seit dreißig Jahren, das macht stolze 13,5 Millionen handgefertigte *Simits*.

Hikmet Suoğlu kommt aus Çarsamba am Schwarzen Meer. Seit sechzehn Jahren steht er jeden Tag von 5.30 bis 23 Uhr an seinem festen Standort in Karaköy am Bosporusufer und verkauft *Simits*, die er von einem Bäcker wie Mehmet geliefert bekommt. Wenn die Passagiere von der Fähre kommen, hören sie ein fröhliches *ting, ting*, das Hikmet erzeugt, indem er mit der Simitzange rhythmisch an seinen Wagen schlägt. Hikmet hat eine zuverlässige Stammkundschaft, die zugleich sein soziales Umfeld darstellt. Die persönlichen Gespräche sind ein Teil seiner Geschäftskultur.

Mittags kann man für wenig Geld *BalikEkmek*, ein mit gegrilltem Fisch gefülltes Weißbrot, essen oder *Nohutlu Pilav*, Reis mit Kichererbsen und Hühnchen sowie einem Stück sauer eingelegtem Chili. *Pilav* ist ein sehr einfaches Gericht, aber jeder Koch hat sein Geheimrezept.

Baki Ceylan kam als Kind aus Sivas nach Istanbul. Nach dem Militärputsch 1980 saß er zwölf Jahre als politischer Gefangener in Haft. Nach verschiedenen Jobs unterwies ihn seine Frau Ferdağ schließlich in der Kunst, *Pilav* zu kochen. Seit acht Jahren steht Baki nun fast täglich an seinem festen Platz in Kadıköy, im asiatischen Teil der Stadt, und verkauft von 12 bis 21 Uhr etwa siebzig Portionen *Pilav*.

Ahmet Lütfü Karamürsel ist Muschelhändler, und auf seiner Visitenkarte steht: *Since 1908, BIR IST. LEZZET KLASİĞİ Midye Dolma* (Seit 1908, Erster Istanbuler Gaumenklassiker Gefüllte Muscheln). Lütfüs Großvater gehörte zu den ersten Istanbuler Muschelhändlern. Während seine Familie aus Trabzon an der Schwarzmeerküste kam, stammen die meisten Kollegen aus dem kurdischen Mardin, das bekannt ist für seine Reisgerichte. Der Dokumentarfilm *Far from home* von Güliz Sağlam erzählt die Legende, die sich um diese binnenländischen Muschelhändler rankt. Und zwar sollen einige nach Istanbul eingewanderte Kurden in den 1970er-Jahren das Muschelrezept von einem älteren Armenier erhalten haben und damit der Arbeitslosigkeit entkommen sein. So wurde dieses Gericht zum Symbol armenisch-kurdischer Freundschaft.

Heute bieten diese Händler ihre *Midye Dolmaı* an vielen Orten auf runden Holzschalen an. Lütfü präsentiert seine Spezialität in einem tragbaren Glaskasten. Er bezieht seine Ware von Fischern aus dem Bosporus. Bei der morgendlichen Zubereitung hilft die gesamte Familie. Mittags beginnt seine Verkaufstour im Gebiet Großer Bazar, Ägyptischer Bazar, Sultanahmet und Eminönü, täglich außer Sonntags.

Der Service ist ein sinnliches Ritual: Lütfü nimmt eine gefüllte Muschel und hebt die obere Schale ab. Das Muschelfleisch liegt auf der Reisfüllung. Nun träufelt er etwas Zitronensaft darauf und schiebt die Schale direkt in den Mund des Kunden, dessen Hände so sauber und geruchsfrei bleiben. Das Schauspiel vollzieht sich in schnellem Tempo; mancher Gourmet soll schon mehr als 80 Schalentiere nacheinander vertilgt haben! Eine gefüllte Muschel kostet je nach Größe 50 Kuruş bis 1,5 türkische Lira (25–75 Cent).

Lütfü, heute 61 Jahre alt, arbeitete bis 1980 als Musiker und spielte klassischen Jazz. Nach dem Militärputsch wurde es schwierig, als Entertainer Geld zu verdienen, und so entschied er sich für den Beruf seines Vaters. Doch auch heute noch ist er mit seiner Gitarre und als Sänger in Nachtclubs und Bars unterwegs, sobald der Muschelkasten leer geworden ist.

Jakup Tavan aus Adıyaman in der Südosttürkei ist *Turşu*-Verkäufer in Eminönü. *Turşu*, in Essig-Salz-Lake eingelegtes Gemüse, wird hauptsächlich in Bursa hergestellt, der viertgrößten türkischen Stadt in der fruchtbaren Marmararegion. Verwendet werden zum Beispiel Weiß- und Blumenkohl, Bohnen, Karotten, Auberginen, Paprika, Gurken, Kürbis, Sellerie, Kichererbsen, Weinblätter oder grüne Tomaten. Angeboten wird das Gemüse in einem Plastikbecher, aus dem man es mit einem Zahnstocher herausfischt. Das rosafarbene Einmachwasser wird dazu getrunken. Es ist erfrischend und macht wegen des hohen Salzgehalts Durst.

Dank der Straßenhändler weiß man in Istanbul immer, was gerade Saison hat. Wann die ersten frischen Haselnüsse *Fındık* und die grünen Mandeln *Taze Badem* kommen – oder die grünen unreifen Pflaumen *Erik*, die man mit Salz, weißem Käse und *Rakı* genießt. Nach einer durchzechten Nacht lässt eine Kuttelsuppe, *Kembe Çorbası*, den Kater vergessen. Und an fast jeder Ecke bekommt man *Mısır*, Maiskolben, oder *Kestane*, gebratene Kastanien. Ob *Kumpir*, gefüllte Folienkartoffeln mit Sauce, *Kokoreç*, Weißbrot mit fein aufgeschnittenem Rollbraten aus gewürzten Schafsdärmen, oder *Nar*, frisch gepresster Granatapfelsaft – kaum ein geschmacklicher Wunsch, bleibt in Istanbul unerfüllt.

GLOSSAR

ACI BİBER Lange dünne grüne oder rote scharfe Paprikaschote

AYÇİÇEK YAĞI Sonnenblumenöl

ADAÇAYI Salbei oder Salbeitee

ADANA KEBAB Hackfleisch am Spieß, eine Spezialität aus Adana

ANTEP FISTIĞI Pistazienkerne

AYRAN Joghurtgetränk aus ⅔ säuerlichem Joghurt, ⅓ kaltem Wasser und einer Prise Salz (manchmal auch getrockneter geriebener Minze). Es wird schaumig geschlagen und kühl getrunken.

BERGAMOT Bergamotte – eine Kreuzung von Bitterorange und Zitronatzitrone, die vor allem als ätherisches Öl, zur Aromatisierung von schwarzem Tee und zur Herstellung von Marmelade verwendet wird.

BEYAZ PEYNİR Salzlakenkäse, türkisch Weißer Käse genannt, der aus verschiedenen Milchsorten, häufig Schafs- oder Kuhmilch, hergestellt wird. Er gehört zum traditionellen türkischen Frühstück und ist auch als Feta bekannt.

BİBER SALÇASI Stark eingedicktes Paprikapüree oder -mark, das aus roten Paprikaschoten hergestellt wird. Es ist als Fertigprodukt in türkischen Läden erhältlich. *Acı Biber Salçası* aus roten Chilischoten ist scharf, in der Not durch *Sambal Ulek* ersetzbar.

BÖREK Gerollte oder geschichtete Pastete aus *Yufka*- oder vorgekochten Nudelteigblättern mit verschiedenen Füllungen wie Hackfleisch, Schafskäse, Kartoffeln, Spinat oder anderem Gemüse. *Börek* ist als Zwischenmahlzeit oder Festessen sehr beliebt und wird auch kalt gegessen.

BOZA Fermentiertes Bulgurgetränk

BUĞDAY Weizen, der in der türkischen Küche ganz oder als Mehl verwendet wird.

BULGUR Vorgekochter und getrockneter Weizen geschrotet, der von grob (*Kalın Bulgur* oder *Pilavlık Bulgur*) bis fein (*Köftelik Bulgur* oder *Simit Bulgur*) angeboten wird.

CACIK Kaltschale aus Joghurt, Gurken, Knoblauch, Pfefferminze, Dill und Salz, ähnlich dem griechischen *Tsatsiki*. *Cacık* ist aber flüssiger als der griechische *Tsatsiki* und wird meist gelöffelt wie eine kalte Suppe.

ÇAM FISTIĞI Pinienkerne

ÇARLİSTON BİBERİ Hellgrüner, länglicher Spitzpaprika, von mild bis scharf

ÇAY Türkischer schwarzer Tee, der mit Hilfe einer »Doppeldecker-Kanne«, unten Wasser und oben Tee, zubereitet wird.

ÇELTİK Ungeschälter Rohreis

CEZVE Türkisches Kaffeekännchen

ÇORBA Suppe

ÇÖREK OTU Schwarzkümmel, auch schwarzer Sesam genannt, dessen Samen auf Fladenbrot oder salziges Gebäck gestreut werden.

DERE OTU Dill

DİL PEYNİRİ Ungesalzener faseriger Käse; kann durch Mozzarella ersetzt werden

DOLMA Alles Gefüllte, wie zum Beispiel gefüllte Weinblätter oder Paprikaschoten

DOLMALIK BİBER Kleine runde hellgrüne Parikaschoten, die sich zum Füllen eignen

DÖNER KEBAB Bekanntes türkisches Gericht, bei dem marinierte und gewürzte Fleischscheiben oder Hackfleisch auf einem Drehspieß aufeinandergeschichtet und gegrillt werden.

DUT Weiße oder schwarze Frucht des Maulbeerbaums (*Dut Ağacı*). Maulbeeren werden

frisch vom Baum gegessen, getrocknet oder zu Marmelade, *Pekmez* und *Pestil*, einem sehr zähen Gelee, verarbeitet.

ELMAÇAYI Apfeltee aus getrockneten und zerkleinerten Apfelschalen, auch als Instant-Produkt erhältlich

ERIK Pflaume, die gerne grün und unreif mit weißem Käse, Salz und Rakı gegessen wird.

FESLEĞEN Basilikum

GÜLLAÇ ist eine türkische Süßspeise aus Milch, Walnüssen und hauchdünnen Reisblättern, die auch *Güllaç* heißen. Sie bestehen aus Reismehl, Stärke und Wasser.

GÜLSUYU Rosenwasser

HALVA, türkisch **HELVA**; Süßspeise, die hauptsächlich aus Sesamsamen, Honig, Zucker und Pflanzenöl besteht. In der Türkei wird auch *Tahin Helvası* aus Sesampaste, *İrmik Helvası* aus Grieß und *Un Helvası* aus Mehl hergestellt.

HAMSİ Schwarzmeersardelle, die am besten im Dezember und Januar gegessen wird.

İFTAR Fastenbrechen, das Mahl nach Sonnenuntergang während des Ramadan

İNCİR Feigen

İPLİ PEYNİR Eine lokale Sorte des milden Kaşarkäse

İSOT BİBER ist eine türkische Paprikasorte, die dunkelkastanienbraun wird, wenn sie reif ist. Ist weniger scharf als viele Chilischoten. Hat einen rauchigen, rosinenartigen Geschmack und ist getrocknet fast schwarz.

IZGARA Vom Grill

KABAK Kürbis

KADAYIF oder **TEL KADAYIF** Fadennudeln. Getrocknete dünne Teigfäden, auch »Engelshaar« genannt, die für Süßspeisen wie *Künefe* oder *Basma Kadayıf* verwendet werden.

KAHVE, TÜRK KAHVESİ Der türkische Mokka wird in einem langstieligen, kupfernen Kännchen *Cevze* mit einem Gemisch aus Wasser, Kaffeepulver und Zucker aufgebrüht. Man bestellt ihn *tatlı* süß, *orta* mittelsüß oder *sade* ungezuckert.

KANDİL SİMİDİ Kleine, mit Sesam bestreute Teigringe, ein Traditionsgebäck für besondere religiöse Feiertage.

KARPUZ Wassermelone

KARA BİBER Schwarzer Pfeffer (*Beyaz Biber* ist weißer Pfeffer)

KAŞAR PEYNİR Kaşar-Käse; je nach Reifegrad halbharter oder harter Käse aus Kuh- oder Schafsmilch. Je nach Alter schmeckt er mild, leicht salzig bis pikant. In türkischen Lebensmittelgeschäften wird er jung verkauft. Der milde Käse eignet sich gut zum Schmelzen und kann durch milden Gouda oder Tilsiter ersetzt werden, der alte durch Parmesan oder Pecorino.

KAVUN Melone

KAYMAK Abgeschöpfter Rahm von erhitzter Milch, der durch Einkochen dick und fast schnittfest, und mit Salz haltbar gemacht werden kann. *Kaymak* wird traditionellerweise zum türkischen Frühstück, zu Gebäck, eingemachten Früchten, Honig oder als Füllung von *Gözleme* gegessen und ist am ehesten durch Mascarpone oder Crème double zu ersetzen.

KEBAB Gegrilltes, gebratenes oder gekochtes Fleisch, meist in kleinere oder größere Würfel geschnitten in verschiedenen Zubereitungsarten

KETE Hefeteiggebäck

KIZILCIK Kornelkirschen, olivenförmige, rote, säuerliche Früchte von wildwachsenden Sträuchern; werden zu Marmelade, Saft oder Likör verarbeitet

KİMYON Kreuzkümmel

KÖFTE *Köfte* in allen Formen und Größen sind eine kulinarische Welt für sich. Meistens aus Hackfleisch mit Gewürzen und anderen Zutaten gemischt, werden sie von Hand geformt und gegrillt, gebraten, gekocht oder gebacken.

KÖFTE HARCI Gewürzmischung, die vor allem für *Köfte* verwendet wird. Sie kann Koriander, schwarzen Pfeffer, Gewürznelken, Lorbeerblätter, wilden Thymian, scharfen Paprika, süßen Paprika, Koriander, Curry, Kreuzkümmel, Zwiebel, Knoblauch, Petersilie, Minze und Zimt enthalten.

KOKOREÇ Türkische Fastfood-Spezialität aus klein geschnittenen Lammdärmen mit Tomaten, Zwiebeln und Gewürzen. Wird mit Lammfett am Spieß gegrillt und im Brot serviert.

KULAK MEMESİ Ohrläppchen: In der Türkei sagt man, der Teig soll die Konsistenz eines Ohrläppchens haben.

GLOSSAR

KURU ÜZÜM Rosinen, Sultaninen, Korinthen

KUŞ ÜZÜMÜ Wörtlich Vogeltrauben; winzige Korinthen, die für Reisfüllungen oder Reisgerichte verwendet werden.

LAHMACUN Türkische Pizza; dünnes Fladenbrot belegt mit einem würzigen Ragout aus Hackfleisch, Zwiebeln und Tomaten

LEBLEBİ geröstete Kichererbsen

LİMON TUZU Wörtlich Zitronensalz; körnige kristallförmige Zitronensäure, die zum Beispiel zum Einlegen von Gemüse verwendet wird.

LOKUM Auch *Turkish Delight* genannt. Süßigkeit auf der Basis eines Sirups aus gelierter Stärke und Zucker, oft auch mit *Mastik* (Pinienharz) versetzt; die Masse wird in Puderzucker gedreht und mit Fruchtsäften, Rosen- oder Orangenwasser, Nüssen, Kokosraspeln, Trockenfrüchten bereichert.

LOR Ein bröckeliger, fettarmer, proteinreicher türkischer Molkenkäse.

MADIMAK Hirtenknöterich (*Polygonum cognatum*); das in Anatolien sehr bekannte Wildkraut zeigt den Frühling an. Es wird vielfältig verwendet und in manchen Orten auch roh gegessen.

MASTIK Harz des Mastix-Pinienbaumes; *Mastik* wird in der Küche für Lokum, Marmelade und als Würze für Wein oder *Rakı* verwendet.

MAYDONOZ Petersilie; sie ist in der Türkei immer glattblätterig. Wird als Bund von etwa 350 g verkauft.

MEYHANE Traditionelle Kneipe, in der *Rakı* getrunken, Fisch und Meze gegessen werden.

MEZE Türkische Vorspeisen, die eine reichhaltige Palette von kalten und warmen Gerichten umfassen. Sie werden gerne zu Wein und *Rakı* gegessen.

MISIR Mais, der vor allem im Schwarzmeergebiet angepflanzt und in der Schwarzmeerküche sehr häufig verwendet wird.

MUHALLEBİ Milchpudding mit Reismehl

NANE Frische oder getrocknete Minze; die getrocknete wird häufig fein gerieben als Gewürz verwendet.

NAR Granatapfel; der Saft dieser Frucht wird frisch getrunken und als Konzentrat oder Sirup verwendet. Die saftigen roten Kerne werden gerne zum Dekorieren auf Speisen verwendet.

OKLAVA Türkischer Teigstab. Der Teig wird zum Ausrollen mit dem Stab eingerollt und dabei ausgedehnt. Varianten sind der *Gözleme Oklavası*, ein unlackierter Kurzstab, den man am Anfang verwendet, weil der Teig zu Beginn des Ausrollens besser daran haftet. Der *İnce Baklava Oklavası*, der lange und dünne *Baklava*-Stab, eignet sich für den Yufkateig, der so dünn wie möglich ausgerollt werden soll. Der *Kalın Oklava* ist ein ebenfalls langer und etwas dickerer Stab, der für die etwas festeren *Mantı*-Teige verwendet wird.

OTLU PEYNİR Krümeliger Frischkäse, angereichert mit wild wachsenden Kräutern, wildem Knoblauch und Salz. Diese Spezialität gibt es im Bereich des Van-Sees in Ostanatolien.

PALAMUT Auch Bonito, eine Thunfischart aus wärmeren Meeren, die ein echter Bosporusfisch ist und Ende September bis Mitte November am besten schmeckt. Er hat auf dem Rücken dunkle Streifen.

PASTIRMA Luftgetrocknetes Rindfleisch, in eine Gewürzpaste (*Çemen*) gehüllt; diese Spezialität aus Kayseri (Mittelanatolien) *Kayseri Pastırması* wird in Würfel geschnitten oder dünn wie Bündnerfleisch gegessen.

PATLICAN Aubergine

PEKMEZ Eingekochter Dicksaft von verschiedenen Früchten, wie etwa Trauben (*Üzüm*), Maulbeeren (*Dut*), Äpfeln (*Elma*) oder Johannisbrot (*Keçiboynuzu*); er schmeckt sehr aromatisch und wird oft selbst hergestellt.

PİLAV Orientalisches Reisgericht, das auch mit Bulgur zubereitet werden kann. Gerne werden Fadennudeln (*Şehriye*), Kichererbsen, Rosinen oder Mandeln dazugemischt. Pilav soll körnig und nicht klebrig sein.

PİRİNÇ Reis

PUL BİBER Paprikaflocken (Schuppenpaprika); sind immer scharf, allerdings kann der Schärfegrad unterschiedlich sein. Die Würzmischung besteht aus mildem und scharfem Paprika, Salz, Pflanzenöl und Gewürzextrakten.

RAKI Aus Weintrauben oder Rosinen gebrannter türkischer Schnaps mit Anissamen zur Aromatisierung.

REÇEL Marmelade; in Zuckersirup eingekochte Früchte, Gemüse, Rosenblätter oder Bergamotte-Schalen.

ROKA Rucola

SAÇ Rundes, leicht gewölbtes Eisenblech zum Backen von Teig.

SAHUR Der Imbiss vor Sonnenaufgang während des Ramadan.

ŞALGAM Salzig-saures Getränk aus violetten Karotten und Rüben mit Milchsäuregärung; die scharfe Variante wird mit roten Paprika hergestellt.

SALÇA Tomatenmark, das in der Türkei viele Gerichte abrundet. Im September werden in den ländlichen Gebieten Hunderte Kilo von Tomaten eingekocht und ein Vorrat für das ganze Jahr angelegt.

SALAMURA YAPRAK In Salzlake eingelegte Weinblätter, die zum Füllen verwendet werden.

SALEP Typisches Wintergetränk aus heißer Milch, Zucker und Knabenkrautpulver (*Salep*), leicht dickflüssig, mit Zimtpulver bestreut.

ŞARAP Wein

SARMISAK Knoblauch

SARMA Rouladen, alles Gewickelte; in der türkischen Küche meist in Weinblätter, Kohlblätter oder Mangoldblätter eingewickelte Füllungen.

SEMİZOTU Portulak, der roh oder gedünstet zubereitet wird.

ŞEHRİYE Nudeln, die gerne als *Arpa Şehriye* (Teigwaren in Gerstenkornform) oder *Tel Şehriye* (Fadennudeln, Vermicelli) dem Reis beigemischt werden.

ŞERBET Gekühlter hausgemachter Saft aus Früchten oder Beeren mit Zucker.

SİMİT Mit Sesam bestreuter Hefeteigring, der als Snack auf der Straße verkauft wird.

SUCUK Halbfeste, getrocknete Knoblauchwurst aus Rind- oder Lammfleisch oder aus beiden; wird zum Braten oder Mitkochen im Hülsenfrüchte-Eintopf verwendet.

SUMAK ein rötlich-violettes, säuerliches Pulver aus der Steinfrucht eines wild wachsenden Busches Gewürzsumach (*Rhus coriaria*). Es dient vor allem zum Würzen von Salat, *Lahmacun*, *Mantı* oder Reis.

TAHİN Paste aus fein gemahlenen Sesamkörnern, die zum Beispiel für *Humus*, *Helva* oder gemischt mit *Pekmez* verwendet wird.

TARÇIN Zimt, wichtiges Gewürz nicht nur für Süßes

GLOSSAR

TARHANA Vergorene, getrocknete und gemahlene Mischung aus Joghurt, Weizen und Gemüse, die in der türkischen Küche für die Zubereitung von Suppen verwendet wird.

TEL PEYNİR oder **CIVIL PEYNİR** Salzig, fester »fadenartiger« Käse

TEPSİ Feuerfestes Rundblech mit flachem Boden in verschiedenen Größen und einem etwa 4–5 cm hohen Rand; es eignet sich zum Backen sowie für fast alle Gemüse- und Fleischgerichte, die im Backofen fertig gegart werden; kann durch eine entsprechende Tarteform oder ofenfeste hohe Pfanne ersetzt werden.

TERE Kresse

TEREYAĞ Dorfbutter

TOZ BİBER Paprikapulver süß, mittelscharf oder scharf.

TULUM PEYNİR Krümeliger weißer, salziger Käse aus Schafs- oder Ziegenmilch. Er wird in den Bergen im Ziegenhautsack *(Tulum)* durch sein Eigengewicht gepresst.

TURŞU Saure, in Essigsalzlake eingelegte Gemüse oder Früchte. Als Spezialität gilt auch das sauer-salzige Einmachwasser, das mit Paprikapulver oder Rote Bete gefärbt ist. Es wird pur getrunken.

TURUNÇ Bitterorange

VİŞNE Sauerkirsche

YENİBAHAR Nelkenpfeffer oder Piment; die unreifen Früchte des Pimentbaumes sind größer als Pfefferkörner und etwas schärfer als Gewürznelken.

YENİDÜNYA Maltapflaume, eine Mispelart mit pflaumengroßen, gelb-orange-roten, fein säuerlichen, aromatischen Früchten.

YEŞİL SOĞAN oder **TAZE SOĞAN** Frühlingszwiebeln sind in der Türkei lang und sehr dünn und werden im Bund verkauft. Die europäischen Frühlingszwiebeln sind größer, daher nimmt man entsprechend weniger.

YOĞURT Unser Wort Joghurt stammt vom türkischen *Yoğurt*. Das von den Turkvölkern stammende Milchprodukt wird auch aus Schafs- Ziegen- oder Kuhmilch hergestellt und in der Küche der Türkei und Mittelasiens vielseitig verwendet. Auf dem Land stellen Frauen Joghurt meist selbst her.

SÜZME YOĞURT Ein stichfester Sahnejoghurt mit 10% Fettanteil, den es in türkischen Läden gibt; man kann ihn durch eine Quark-Creme fraîche-Mischung ersetzen.

KAYMAK YOĞURT Ein stichfester Joghurt, der am ehesten dem Rahmquark ähnelt und ebenfalls in türkischen Läden erhältlich ist.

YUFKA Papierdünn ausgerollte, große runde Teigblätter. Sie erinnern an Blätter- oder Strudelteig und werden in der türkischen, griechischen und arabischen Küche für die Herstellung salziger und süßer Backwaren verwendet. In türkischen Lebensmittelläden gibt es fertige Yufkablätter zusammen-

gelegt und in Folie eingeschweißt im Kühlregal. Sind die Teigblätter sehr trocken und damit leicht brüchig, faltet man sie vorsichtig auseinander und besprüht sie mit Wasser, damit sie geschmeidiger werden. Yufkateigblätter werden griechisch *Filo* genannt.

ZEYTİNYAĞ Olivenöl

ZAHTER In den Ländern des östlichen Mittelmeerraums wird oft keine Unterscheidung zwischen Kräutern aus der Familie der Lippenblütler getroffen. Die Namen türkisch *Kekik* und arabisch *Zatar/Satar* können sich auf eine Anzahl verschiedener aromatischer Pflanzen beziehen, darunter Oregano, Majoran, Thymian oder Bohnenkraut. In der Türkei gibt es 45 Varianten von Oregano. Eine Variante, die nur im Südosten vorkommt, ist der *Zahter*.

ADRESSEN

der im Buch vorgestellten Orte und Lokale

Der Biomarkt *%100 Ekolojik Pazar Buğdayı* findet immer samstags im Stadtteil Feriköy – Şişli nahe der Metrostation Osmanbey statt.
www.bugday.org

Die *Home Bakery* von Simone İshaki und Beril İbrahimzade ist im Stadtteil Ulus in der Straße Ambarlıdere Mahallesi Öztopuz Caddesi No 7/2.
www.homebakery.com.tr

Das *Manzara Istanbul* von Erdoğan Altındiş ist in Kuledibi-Beyoglu in der Straße Galatakulesi Sokak No 3/2.
www.manzara-istanbul.com

Die drei *Çiya* Restaurants von Musa Dağdeviren sind alle im Stadtteil Kadıköy in der Straße Caferağa Mah. Güneşlibahçe Sk. Sie heißen *Çiya Kebap*, Tel: 0216–336 30 13, *Çiya Kebap 2*, Tel: 0216–418 51 15 und *Çiya Sofrası*, Tel: 0216–330 31 90.
www. ciya.com.tr

Das Restaurant *KivaHan* befindet sich in Beyoglu auf dem Platz Galata Kulesi Meydani No 4, Tel: 0212 292 98 98
www.galatakivahan.com

Das Meyhane *Krependeki İmroz* von Yorgi Okumuş und Mustafa Yıldırım befindet sich in Balıkpazarı Beyoğlu in der Straße Nevizade Sk. No 16, Tel: 0212–249 90 73
www.krependekiimroz.com

Der *Kaymakcı* von Pando und Yoanna Şestakof ist im Stadtteil Beşiktaş in der Straße Sinanpaşa Mah./Mumcu Bakkal Sk. No 5.

KOCHBÜCHER

der im Buch vorgestellten Köchinnen und Köche

Das Kochbuch von Simone İshaki und Beril İbrahimzade heißt: *Simone & Berili'in mutfağı.* ISBN: 978-975-918-522-0

Die Kochzeitschrift von Musa Dağdeviren *YemekveKültür* (*Essen und Kultur*) finden Sie unter www.yemekvekultur.com

Das Kochbuch von Adnan Şahin über die Küche aus Tokat heißt *Honça*. ISBN: 978-975-01077-0-2

Das Kochbuch von Takuhi Tovmasyan *Sofranız Şen Olsun* (*Erinnerungen an meine Großmütter*) ist auf Türkisch im Aras Verlag erschienen und unter www.arasyayincilik.com zu bestellen. ISBN: 975-7265-70-5

Das Kochbuch von Paluri Arzu Kal ist dreisprachig (türkisch, lasisch, englisch). Es heißt *Paponi* und ist bei dem Verlag Chiviyazilar erschienen. ISBN: 975-9187-19-1

Das Kochbuch von Selma Peşteli heißt *Boşnak yemekleri*. Es ist im İnkılâp Verlag erschienen. ISBN: 975-10-2416-1, www.inkilap.com

DIE AUSSPRACHE

des Türkischen ist ganz einfach, wenn man folgende Lautwerte beachtet:

c	[dʒ]	wie dsch in Dschungel
ç	[tʃ]	wie tsch in Kutsche
e	[ɛ]	wie ä in hätte
ğ	[ː], [j]	weiches g: dient am Silbenende zur Dehnung des davor stehenden Vokals (etwa wie das Dehnungs-h); nach hellen Vokalen (e, i, ö, ü) oft wie ein leichtes j
h	[h]	wie h in Haus
ı	[ɯ]	Ungerundeter geschlossener Hinterzungenvokal, auch: ungerundetes u
j	[ʒ]	wie j in Journal
o	[ɔ]	wie o in Gott
ö	[œ]	wie ö in möchte
r	[r]	Stimmhaftes Zungenspitzen-R
s	[s]	wie s in Haus oder ß in außen
ş	[ʃ]	wie sch in Schule
v	[v]	wie v in Vase
y	[j]	wie j in Jahrmarkt
z	[z]	wie s in Sage

ALPHABETISCHES REGISTER

»Auberginenblumen«
   mit Hackfleischbällchen 61
Aprikosen 69, 75
Artischockenböden, gefüllt 45
Aubergine 19, 34, 69, 155
Auberginen mit Ziegenkäse 91
Auberginen, gefüllt
   mit Rinderhack 17
Auberginen, gefüllt mit
   Rindfleisch 109
Auberginenbörek 148
Auberginenpaste 31

Baklava 101
Bohnen, weiße
   angemacht mit Rind 153
Bohnen, weiße 75
Bohnenpaste 32
Bonito, eingelegt 97
Börek aus Yufkateig 123
Börek mit Auberginen 148
Börek, gefüllt mit Kartoffeln
   und Käse 114
Börek, gefüllt mit Kartoffeln
   und Rind 119
Börek, Rosenbörek 27
Börek, süß 139
Brot, gefüllt 73
Bulgur 52, 67, 68, 74, 93, 107
Bulgur-Salat 74
Bulgurbällchensuppe 56

Dickrahm aus gekochter
   Milch 135
Dorade mit Gemüsefüllung 46

Ei-Hackfleischbällchen 109
Erbsen 45

Feigen 26, 75
Feldthymiansalat 51
Fischfladen 85
Fladenbrot 39
Fleischbällchen mit Lauch 143
Fondue mit Käse 85

Gebäck aus dem Eisen 41
Gebäck aus Kars und Erzincan 79
Gebäck mit Zuckersirup 130
Gemüse, frittiert in Joghurt 97
Gemüse, gefüllt 34
Gemüsepaprika 34
Granatapfel 16, 53, 147
Grießhelva 92
Gurke, Hirtensalat 74

Hackfleischbällchen 53, 61, 109
Hackfleischplätzchen, paniert 154
Hähnchenflügel, gebacken 154

Haselnüsse 75, 125
Hefegebäck 79
Helva 101
Hirtensalat 74
Huhn, tscherkessische Art 25
Hühnchen im Tontopf 155
Humus 32

Joghurt 18, 97
Joghurt im Brot 73
Joghurt mit Kräutern 45
Joghurt mit Weizen 31
Joghurt, selbstgemacht 135
Joghurtsauce 55, 102
Joghurtsuppe 62
Johannisbrotlikör 129

Kartoffelbörek mit Käse 114
Kartoffelbörek mit Rind 119
Kartoffeln 45, 55, 80, 155
Käse, mild 27
Käsefondue 85
Kaymak 69, 135
Kebab 53, 61
Kichererbsen 18, 25, 69, 75
Kichererbsenpaste 32
Köfte in Sauerkirschsauce 40
Köfte mit Bulgur und Ei 68
Köfte, aus roten Linsen 24
Köfte, gefüllt mit Lauch
   und Rinderhack 143
Köfte, Izmir-Art 47
Köfte, Tartar 67
Kornelkirschenlikör 129
Kräuterlimonade 57
Krautstiel-Fischfladen 85
Kürbis, kandiert 41

Lamm 19
Lamm und Gemüse
   im Tonkrug 124
Lammhack 40, 52, 80, 154
Lammkeule mit
   Nelkenpfeffer 33
Lauch-Fleischbällchen 143
Likör 129
Limonade, grüne 57
Linsen, rote 113
Linsenköfte, rote 24
Linsensuppe, grüne 107
Linsensuppe, rote 153

Mandeln 26, 75, 125
Mangold 80, 85
Milchpudding mit Huhn 155
Milchreis 33
Mungbohnensuppe 69

Noahs süsse Suppe 75
Nudeln 19, 143
Nussplätzchen in Zuckersirup 125

Paprika, gefüllt mit Bulgur 93
Paprika,
   grün mit Linsenfüllung 113
Paprikapaste,
   tscherkessisch 51
Pilaw aus Nudeln 19
Pilaw mit Rind 62
Pizza, türkische Art 81
Portulak 107

Quitte, gefüllt 87

Ratatouille, türkische Art 19
Reis 23, 62
Reisblätter mit Walnüssen und
   Granatapfelkernen 147
Reisdessert aus Mardin 33
Rinderhack 17, 18, 40, 47, 52, 53,
   56, 68, 80, 102, 109, 154
Rindertartar 67
Rindfleisch 25, 62, 109, 153
Rindfleischsuppe 56
Rosenbaklava 101
Rosenbörek 27
Rosinen 75, 107

Salat, Bulgur 74
Salat, gemischt nach
   Özlem-Art 92
Salat, grüner 67
Salat , SelSon 17
Sardellen 85
Sauerkirschen 40
Schafskäse 27
Schmetterlingsgebäck 130
Schwarzkohlwickel 86
Seebarsch mit Gemüsefüllung 46
Sesampaste 32
Spinat 80
Suppe mit Bulgurbällchen 56
Suppe mit Mungbohnen 69
Suppe, saure 143
Süßer Lasenbörek 139
Süßer Milchpudding
   mit Huhn 155
Süßes Engelshaar
   mit Walnüssen 63

Tarhanasuppe 123
Tartar-Köfte 67
Teigtäschchen, gefüllt 102
Teigtaschen, gefüllt mit
   Brennesselblättern 80
Teigtaschen, gefüllt
   mit Kartoffeln 80

TÜRKISCHES REGISTER

Teigtaschen, gefüllt mit Käse 80
Teigtaschen, gefüllt mit Lammhack 80
Teigtaschen, gefüllt mit Mangold 80
Teigtaschen, gefüllt mit Rinderhack 80
Teigtaschen, gefüllt mit Spinat 80
Teigtaschen, gefüllt traditionell 55
Teigtaschen, Grundrezept für Gözleme 80
Tomatenpüree, scharf 97
Tomatensalat 91
Tomatensauce 102
Traubendessert 87
Türkisches Frühstück 78

Vermicellisuppe 143

Walnüsse 26, 51, 63, 69, 79, 101, 108, 147
Weichelkirschen 87
Weinblätter, gefüllt aus Samsun 23
Weinblätter, gerollt mit Bulgur 52
Weizen und Kichererbsen mit Rindfleisch 25
Weizenkörner 18, 25, 75, 123
Weizenkörner mit Joghurt 31
Weizensuppe 18
Wildthymiansalat 51

Yufkateig 27
Yufkateig-Börek 123

Ziegenkäse 91
Zucchini 97
Zuckersirup 101, 130
Zwetschgen aus dem Ofen 119
Zwiebeln, geschmort mit Hackfleischbällchen 53

Acılı Ezme 97
Acuka Çerkez Ezmesi 51
Analı Kızlı 56
Arpa Şehriye Pilavı 19
Aşotlu Buğday Çorbası 18
Aşure 75
Ayva Tatlısı 87

Babaganuç 31
Basma Kadayıf 63

Çerkez Tavuğu 25
Cevizli Kayısı Tatlısı 69
Cevizli Rulo Kurabiye 108
Çiğ Köfte 67
Çoban Salatası 74

Demir Tatlısı 41
Domates Salatası 91
Dövmeli Haydari 31

Ecce 109
Ekşili Tel Şehriye Çorbası 143
Etli Yaprak Sarması 52

Fava 32
Fırında Tavuk Kanadı 154

Gözleme 80
Gül Baklavası 101
Gül Böreği 27
Güllaç 147

Haydari 45
Humus 32

İç Pilavı 62
İncir Dolması 26
İncir Uyuşturması 26
İrmik Helvası 92
İslim Kebabı 61
Izmir Köftesi 47

Kabak Tatlısı 41
Kadınbudu 154
Kahvaltı Tabağı 78
Karalahana Sarması 86
Karnıyarık 17
Kars ve Erzincan'dan Kete 79
Kaymak 135
Keçiboynuzu Likörü 129
Keşkek 25
Kısır 74
Kızılcık Likörü 129
Kompıraça Pita 119
Köpoğlu 97
Kuru Fasulye 153
Kuş 55

Lahmacun 81

Mantı 102
Maş Çorbası 69
Mehshifrancı 109
Mercimek Çorbası 153
Mercimek Köftesi 24
Mercimekli Biber Dolması 113
Metfune 19
Muhlama 85

Nuar 33

Ormanlı Çilihta 85

Paponi 139
Patlıcanlı Börek 148
Pepeçi 87
Petaluda 130
Peynirli Patlıcan 91
Pırasa Köftesi 143

Sebzeli Levrek 46
Şekerpare 125
SelSon Salatası 17
Sırbeli 107
Sljivopita 119
Soğan Kebab aus Gaziantep 53
Soslu Torik 97

Tarhana Çorbası 123
Tavuk Etli Türlü Güveç 155
Tavuk Göğsü 155
Testi Kebabı 124
Tırnaklı Pide oder Ramazan Pide 39

Velibah 114
Vişneli Köfte 40

Yaprak Sarması 23
Yeşil Salata 92
Yeşil Şifa 57
Yoğurt 135
Yoğurt Çorbası 62
Yufka Böreği 123
Yumurtalı Köfte 68

Zahter Salatası 51
Zerafet 73
Zerde 33
Zeytinyağlı Biber Dolması 93
Zeytinyağlı Dolmalar 34
Zeytinyağlı Enginar 45

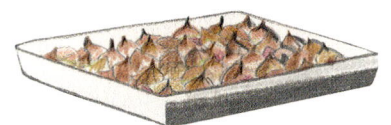

Gabi Kopp, geb. 1958 in Luzern, studierte an der Hochschule für Design und Kunst in Luzern und am Central St. Martins College of Art in London. Sie war Mitbegründerin und vier Jahre lang Köchin des Genossenschaftsrestaurants *Widder* in Luzern. Seit 20 Jahren ist sie Illustratorin und Cartoonistin z.B. für *Annabelle*, *NZZ* u.v.a. 2009 wurde ihr von Stadt und Kanton Luzern der Werkpreis für ihr Projekt eines Illustrierten Kochbuchs zu Istanbuls Vielvölkerküche verliehen.

EIN GROSSER DANK GEHT AN

Erdoğan Altındiş, ohne ihn wäre das Projekt nicht entstanden

Gabriele Ohl und Hanna Ruthishauser für die Vermittlung der tollen Köchinnen und die moralische Unterstützung

Amalia Van Gent
für die zündende Idee

Anni Widany
für die Gastfreundschaft

Nilüfer Sönmez
für die tolle Begleitung zu den Straßenhändlern und den Blick in die Zukunft

Max Christian Graeff
für die sprachliche Würze und die Beratung

Thomas Lachat
für die moralische und finanzielle Unterstützung

Die Stadt und den Kanton Luzern
für den Werkpreis

Meine DolmetscherInnen:
Anni Wydany, Annika Törne, Erdoğan Altlındiş, Hanna Rutishauser, Gabriele Ohl, Kristina Kramer, N. Ali Çalik, Nazlı Zobranlı, Nilüfer Sönmez, Serpil Duygulu, Sevil Yoksul, Veronika Helvacıoğlu, Victor Ananias

Meinen Think Tank:
Siegrid Kroeber, Armin Meienberg, Hans Frieden, Yvonne Volken und Renate Metzger

Emel İlter
für die Korrekturen des Türkischen

Ursula Stalder und Bernadette Ilari
für die Ausmalhilfe

Heidi Baumli, Agnes Mesarosch und Susanne Perron
für ihr offenes Ohr

Ali Ronay, Chef de Cuisine im Ritz-Carlton Istanbul für den Einblick in die moderne türkische Küche

Und natürlich danke ich allen Köchinnen, Köchen und Straßenverkäufern, die zu diesem Buch beigetragen haben.